「論理的思考」を育てる
書く・読むドリル

小学5・6年

編著 難波博孝 矢野耕平
著 齊藤美琴 中本順也 福嶋 淳

学芸みらい社

刊行にあたって

私は約 10 年前、第一学習社というところから、「一日 10 分言語力ドリル」という高等学校で使用する副教材を出版いたしました。以下は、「監修者のことば」に書いたものです。

言語力ドリルへようこそ！

このドリルは、一日たった 10 分で、この「学習や仕事で使う日本語の基礎としての論理力」を培うことができます。

なぜ、言語の基礎として論理力が大事なのでしょうか。それは、学習者や仕事の場面で、言語を適切に表現したり的確に理解したりするために、論理力がどうしても必要だからです。

日本語を日常的に使っている学習者たちが、学習の場面でうまく日本語が使いこなせないのは、「生活の日本語と学習や仕事の日本語とが違っているところがある」からです。その違いの一つが「論理力の必要性」です。

現在の教育では、「言語活動の充実」が求められています。これは、国語科だけではなくあらゆる教科・領域からの、また社会からの要請でもあります。この「言語活動」においても、「論理力」が重要な要素であることはいうまでもありません。

この「言語力ドリル」を存分にお使いいただき、学習者の日本語を鍛えていきましょう。

この文章に込めた思いは今も変わりません。私が強く訴えたいのは、「論理力」の育成、特に、「算数や数学の論理」ではない、「言葉で表現される日常の論理」の力をつけることが必要だ、ということです。

算数やプログラミングも論理です。しかし、これらの論理は、「形式論理」、つまり、状況や文脈では変わらない論理です。数式やプログラムは一回設定されれば、必ず決まった一つの答えを導きます。

しかし、日常使われる言語は、たとえそれが自然科学論文であっても、多義的であり複数の意味を持ってしまいます。誰が言うか、どのような本やメディアに書かれているか、によって、一つの文の意図はいろいろに解釈できてしまいます。

だからこそ私たちは、状況や文脈に合わせて、どのような論理が〈適切〉かを判断しなくてはいけないのです。このような「日常言語の論理力」は、算数やプログラミングの学習だけでは身につきません。状況や文脈を常に考えている国語科での学習が必要なのです。

ここにお届けする、小学生とその保護者や教師に向けた本書は、小学生の皆さんが、この「日常言語の論理力」を一層高めていくものです。そのために、矢野耕平先生を初め、小学校教育の先端を走っておられる執筆者の皆さんとともに、私の「言語力ドリル」の蓄積も惜しみなくつぎ込んでつくりました。

このドリルを使えば、日常の言語生活はもちろん、日々の授業や入学試験などで、「言葉の力が伸びたなぁ」と思うことでしょう。ぜひ、保護者の皆さんや先生方も一緒に学んでいただければ幸いです。

このドリルを存分に活用し、ぜひ日々の言葉と論理を鍛えていってください！

広島大学 難波博孝

はじめに

皆さん、こんにちは。

このたびは数多くあるドリルの中から本書を手に取ってくださったことを感謝申し上げます。

本書『「論理的思考」を育てる 書く・読むドリル 小学５・６年』は主に小学校教員を対象にしたもので、左ページは教員用、右ページは子ども用に区分けしています。また、「教員」は「保護者」に置き換えられます。わが子の読解スキルにご不安をお持ちの保護者の皆様が「教員用ページ」を参照しながら、右ページのドリルを演習するわが子にアドバイスを送ることも想定して執筆しています。

さて、本書はほかのドリルとどのような点が異なるのでしょうか。

１つ目は、論理的な読解力の涵養の第一歩として、子どもたちには短文形式の問題に取り組んでもらうところです。文章を読むのを不得手にしている彼ら彼女たちにも無理なくすいすいと進められるようにしています。

２つ目は、本書はわたし（矢野耕平）と難波博孝先生、齊藤美琴先生、中本順也先生、福嶋淳先生の５名の共同作業によって作成されたものであるところです。それぞれの持ち味、オリジナリティーが随所に盛り込まれることで、児童たちが新鮮味を覚え、飽きることなく演習に取り組めるようにしています。

最後に、従来の「論理的思考トレーニング」を主目的としたドリルにはあまり見られなかった単元を盛り込んでいるところです。この点、一例を上げて説明してみましょう。

「頭がいたい」という表現があります。子どもたちがこのことばを発する際の大半は、字義通り「頭にズキズキとした痛みが走っている」という意味で用いるのでしょう。しかし、これが大人になると「頭がいたい」には主として２つの意味が存在することになります。先述した字義通りの意味に加え、慣用句としての「頭がいたい」、つまり「心を悩ませる」という意味があるのですね。そして、わたしたち大人はそのことばが発せられる状況や相手の顔色などを窺うことで、どちらの意味であるかを無意識的に瞬時に判断しているのです。文章でいえば、この「ことばが発せられる状況や相手の顔色など」は「ことばの前後のコンテクスト」と言い換えることができます。子どもたちは、そのコンテクストから「頭がいたい」というのがどちらの意味で用いられているのかを丁寧に判断する必要があります。これだって「論理的思考」が働いているのでしょう。

本書の第４章では「かくれた意味の理解（いろいろな意味を持つ語）」を10テーマ、20ページに渡って取り上げています。この単元にここまでこだわって作成されたドリルは従来なかったように思います。

あくまでも一例に言及したにすぎませんが、本書を入り口にして「文章を読んでじっくり考える」という読解の礎となる姿勢が培われることを願っています。

なお、本書は「小学５・６年」としていますが、例えば私立中学校を受験する小学生であれば３年生くらいからでも十分楽しむことができるでしょう。

学校の先生方、本書を使って児童たちに論理的に物事を考えてそれを表現させる楽しさを伝えてやってください。

保護者の皆様、わが子のメンター的な存在として「先生役」に徹し、わが子とワイワイと盛り上がりながら一緒に取り組んでほしいと願っています。

『「論理的思考」を育てる 書く･読むドリル 小学5･6年』の次のページを開けてください。

子どもたち、わが子が国語を好きになる……そんなきっかけとなる材料がそこかしこにあるはずです。どうぞご期待ください。

2023年11月8日

スタジオキャンパス代表　矢野耕平

刊行の言葉……2

はじめに……4

本書の使い方……11

第1章 「書く」基本編

1「伝える相手」によって変わる“書き方”……12

2「伝える目的」によって変わる“書き方”……14

3「時間の順番」伝わる文を書く……16

4「空間のイメージ」伝わる文を書く……18

5 具体と抽象を使った文を書く―具体・抽象の理解……20

6「つまり」「このように」まとめの言葉を使って書く……22

7“ことわざ”で具体を抽象に―具体・抽象を意識して書く①……24

8「主題→具体」を使って書く―具体・抽象を意識して書く②……26

9「このように」で結論を導く―具体・抽象を意識して書く③……28

10「しかし」「一方で」を使って書く―対比を使って書く……30

11「なぜなら」「だから」を使って書く―原因と結果①……32

12「なぜなら」「だから」を使わずに書く―原因と結果②……34

第2章 「読む」基本編

1 文章中の言葉から「順序」を読み取る—順序の読解……36

2 詳しく述べた部分とまとめた部分—具体・抽象の理解①……38

3 具体・抽象を「図」で表す—具体・抽象の理解②……40

4 文章中の「具体・抽象」を読み取る—具体・抽象の理解③……42

5 文章のつながりから「具体・抽象」を読み取る—具体・抽象の理解④……44

6 筆者が伝えたいことを要約する—要旨の読解……46

7「違い」に注目して“図”をつくる—対比の読解①……48

8 何と何が「言い換え」か読み取る—対比の読解②……50

9 接続語に注目して主張・具体例を見分ける—主張・具体例の読解①……52

10 接続語がない文章の主張・具体例を見分ける—主張・具体例の読解②……54

11 表現や接続語から主張・理由・具体例を見分ける—主張・理由・具体例の読解①……56

12 接続語がない文章の主張・理由・具体例を見分ける—主張・理由・具体例の読解②……58

第3章 「書く」応用編

1 意見と具体例の関係性—意見の因果関係① …… 60
2 意見と具体例を書き分ける—意見の因果関係② …… 62
3 意見と具体例に加える要素（原因・理由）—意見の因果関係③ …… 64
4 意見と具体例に加える要素（結論）—意見の因果関係④ …… 66
5 主張とその答えを書く—問と答え① …… 68
6 主張には確かな理由がある—問と答え② …… 70
7 具体例を用意しよう—意見を書く① …… 72
8 複数の具体例を挙げる—意見を書く② …… 74
9 具体例から自身の意見を抽出する—意見を書く③ …… 76
10 対比を活用する—意見を書く④ …… 78
11「たしかに」「もちろん」「しかし」「だが」譲歩を使いこなす
—意見を書く⑤ …… 80
12 別の視点から見る「具体例」と「理由」—意見を書く⑥ …… 82
13 最強の意見文をつくろう! …… 84

第4章 「読む」応用編

1 いろいろな意味を持つ語①—多義語名詞の理解……86

2 いろいろな意味を持つ語②—多義語動詞の理解……88

3 いろいろな意味を持つ語③—多義語形容詞の理解……90

4 会話がズレるのはどうして?—かくれた意味の理解①……92

5 比喩表現の特徴とその種類—かくれた意味の理解②……94

6 比喩表現の指し示すもの—かくれた意味の理解③……96

7 その比喩表現が選ばれた理由を考える—かくれた意味の理解④……98

8 皮肉の理解—かくれた意味の理解⑤……100

9 暗示の理解—かくれた意味の理解⑥……102

10 ことばの裏に隠れているものを読み取る—かくれた意味の総まとめ……104

11 主張・理由・具体例のつながりを判断する—論理の評価……106

12 主張・理由・具体例がわかりにくい文章をとらえる
—いろいろな文章の論理をとらえる①……108

13 主張・理由・具体例がわかりにくい文章をとらえて意見を考える
—いろいろな文章の論理をとらえる②……110

練習問題の解答……112

おわりに……116

本書の使い方

それでは、本書『「論理的思考」を育てる 書く・読むドリル 小学５・６年』の使い方について説明していきます。「はじめに」でも触れましたように、本書の左ページは「小学校教師用（小学生保護者用）」、右ページは「子ども用」に分かれています。

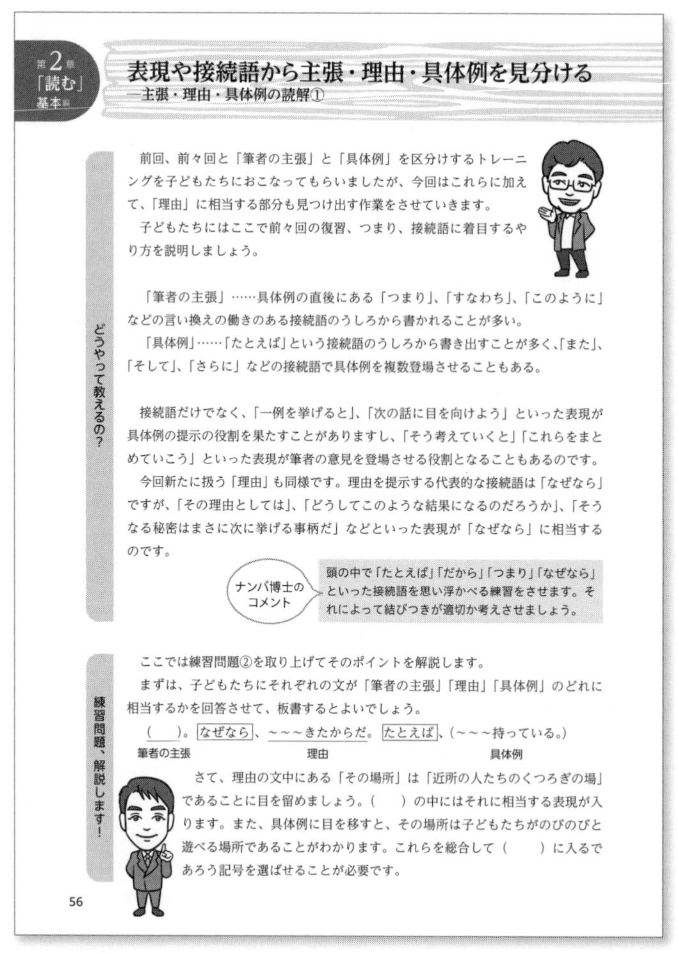
第2章「読む」基本編

表現や接続語から主張・理由・具体例を見分ける
―主張・理由・具体例の読解①

どうやって教えるの？

前回、前々回と「筆者の主張」と「具体例」を区分けするトレーニングを子どもたちにおこなってもらいましたが、今回はこれらに加えて、「理由」に相当する部分も見つけ出す作業をさせていきます。

子どもたちにはここで前々回の復習、つまり、接続語に着目するやり方を説明しましょう。

「筆者の主張」……具体例の直後にある「つまり」、「すなわち」、「このように」などの言い換えの働きのある接続語のうしろから書かれることが多い。

「具体例」……「たとえば」という接続語のうしろから書き出すことが多く、「また」、「そして」、「さらに」などの接続語で具体例を複数登場させることもある。

接続語だけでなく、「一例を挙げると」、「次の話に目を向けよう」といった表現が具体例の提示の役割を果たすことがありますし、「そう考えていくと」「これらをまとめていこう」といった表現が筆者の意見を登場させる役割となることもあるのです。

今回新たに扱う「理由」も同様です。理由を提示する代表的な接続語は「なぜなら」ですが、「その理由としては」、「どうしてこのような結果になるのだろうか」、「そうなる秘密はまさに次に挙げる事柄だ」などといった表現が「なぜなら」に相当するのです。

ナンバ博士のコメント

頭の中で「たとえば」「だから」「つまり」「なぜなら」といった接続語を思い浮かべる練習をさせます。それによって結びつきが適切か考えさせましょう。

練習問題、解説します！

ここでは練習問題②を取り上げてそのポイントを解説します。

まずは、子どもたちにそれぞれの文が「筆者の主張」「理由」「具体例」のどれに相当するかを回答させて、板書するとよいでしょう。

（　　）。なぜなら、～～～きたからだ。たとえば、（～～～持っている。）
筆者の主張　理由　具体例

さて、理由の文中にある「その場所」は「近所の人たちのくつろぎの場」であることに目を留めましょう。（　　）の中にはそれに相当する表現が入ります。また、具体例に目を移すと、その場所は子どもたちがのびのびと遊べる場所であることがわかります。これらを総合して（　　）に入るであろう記号を選ばせることが必要です。

56

■ 左ページ　小学校教師用（小学生保護者用）

上段の「どうやって教えるの？」には、それぞれのテーマのポイントについての説明と、子どもたちへの具体的な取り組ませ方について紹介しています。こちらを参考にして、右ページのドリルを演習させる前に、今回の扱うテーマについての背景や留意すべき点を説明したり、板書して子どもたちにそれをノートに写させたりしてください。

下段の「練習問題、解説します！」は右ページ下段に掲載されている「練習問題」を子どもに解かせたあとでの解説ポイントをまとめています。単なる答え合わせに終始してしまうと、子どもたちがことばに興味を抱くよう導くのが困難になってしまいます。子どもたちが「食いつく」ような解説の仕方を随所に入れ込んでいます。また、具体的な解説ポイントだけではなく、当該単元の定着を深める実践的な方法を紹介しているところも幾つかあります。

単元ごとに「ナンバ博士のコメント」があります。いま取り組んでいる単元の位置づけはどういうものなのか、などが端的にまとめられていますので、こちらも参考になるはずです。

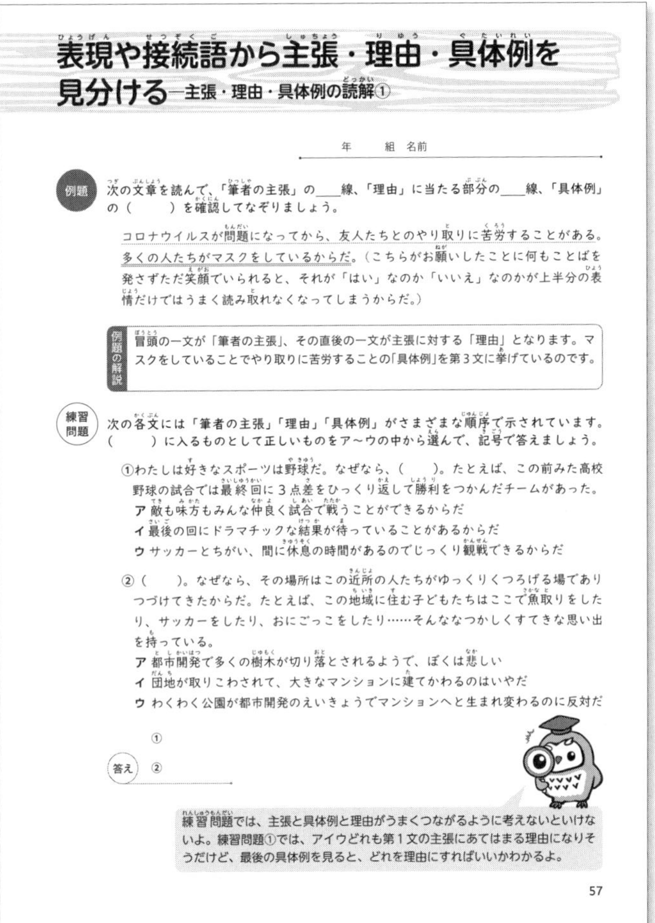

表現や接続語から主張・理由・具体例を見分ける—主張・理由・具体例の読解①

年　　組　名前

例題　次の文章を読んで、「筆者の主張」の＿＿線、「理由」に当たる部分の＿＿線、「具体例」の（　　）を確認してなぞりましょう。

コロナウイルスが問題になってから、友人たちとのやり取りに苦労することがある。多くの人たちがマスクをしているからだ。（こちらがお願いしたことに何もことばを発さずただ笑顔でいられると、それが「はい」なのか「いいえ」なのかが上半分の表情だけではうまく読み取れなくなってしまうからだ。）

例題の解説　冒頭の一文が「筆者の主張」、その直後の一文が主張に対する「理由」となります。マスクをしていることでやり取りに苦労することの「具体例」を第3文に挙げているのです。

練習問題　次の各文には「筆者の主張」「理由」「具体例」がさまざまな順序で示されています。（　　）に入るものとして正しいものをア～ウの中から選んで、記号で答えましょう。

①わたしは好きなスポーツは野球だ。なぜなら、（　　）。たとえば、この前みた高校野球の試合では最終回に3点差をひっくり返して勝利をつかんだチームがあった。
ア 敵も味方もみんな仲良く試合で戦うことができるからだ
イ 最後の回にドラマチックな結果が待っていることがあるからだ
ウ サッカーとちがい、間に休息の時間があるのでじっくり観戦できるからだ

②（　　）。なぜなら、その場所はこの近所の人たちがゆっくりくつろげる場でありつづけてきたからだ。たとえば、この地域に住む子どもたちはここで魚取りをしたり、サッカーをしたり、おにごっこをしたり……そんななつかしくすてきな思い出を持っている。
ア 都市開発で多くの樹木が切り落とされるようで、ぼくは悲しい
イ 団地が取りこわされて、大きなマンションに建てかわるのはいやだ
ウ わくわく公園が都市開発のえいきょうでマンションへと生まれ変わるのに反対だ

答え　①
　　　②

練習問題では、主張と具体例と理由がうまくつながるように考えないといけないよ。練習問題①では、アイウどれも第1文の主張にあてはまる理由になりそうだけど、最後の具体例を見ると、どれを理由にすればいいかわかるよ。

57

■ 右ページ　子ども用

上段の「例題」は主として５年生や６年生で国語を苦手にしている子どもを想定して問題を作成しています。よって、基本的な問題がそろっています。演習用のノートを用意して、そこに「単元名」「ページ番号」「問題番号」などを書いて、解答していくようにしましょう。

下段の「練習問題」については主に６年生を想定した比較的高いレベルの問題になっています。こちらの問題の解説ポイントは左ページの下段に記述されていますので、教員（保護者）はこちらを参考にして子どもたちに指導してください。練習問題には解答欄を付していますが、例題同様に何度も解き直しができるよう、ノートに解答することをおすすめします。

「伝える相手」によって変わる“書き方”

どうやって教えるの？

小学生にとって「伝える相手」は多岐に渡りますが、ここでは最も多いと考えられる、子ども同士、先生、学校外の大人を対象としたときに、相手を意識してより的確に伝わるように以下３点を意識して書く練習をしていきます。

〇誰に伝えたいものなのか、相手によって「言葉の選び方」「どこまで詳しく伝えるか」などが変わることを説明します。

〇次に、相手に伝えたい情報は何かを考えて、書く内容を絞ります。

〇相手が快く情報を受け止められる表現を意識して、まとめていきます。

ここでは、相手意識を持つことをまず第一において、相手によって伝え方が変わることを練習します。

ナンバ博士のコメント

小学校では手紙は中学年まで。しかし、中学２年では指導事項とされ、全国学力テストでも出題されます。相手に即した適切な言葉の力を育てましょう。

練習問題、解説します！

手紙や挨拶文においては、「型」が重要です。手紙を書くケースが減ってきた今だからこそ、伝統的な型を伝えていきたいものです。時候の挨拶は、日本の十二か月の季節の特徴が表れている美しい表現で、季節感や一年の流れを知る上でも、子どもの皆さんもある程度使いこなせるようになるとよいでしょう。

友達相手であれば、砕けた表現で。

目上の人相手であれば、少しかしこまった季節を表す言葉を入れる。

正しい時候の挨拶を覚えるのは大変ですが、その季節にあったことを書くだけでも文が引き締まります。

また、相手意識を持つ上で、自分のことだけを伝えるのではなく、相手の体調などを気づかう言葉を入れるとよいでしょう。手紙の書き方は、相手意識を高めて書くよい練習となります。

最後の一文では、いろいろな答えが考えられますが、対象である「普段接しているわけではない大人の人」という距離感の人に対して、ふさわしい結びを書きたいものです。

「伝える相手」によって変わる"書き方"

年　　組　名前

例題　あきとくんの所属するサッカーチームが、市内大会で優勝したので、何人かに報告します。次の文面はだれに向けて書かれたものでしょうか。ア～ウの記号で答えましょう。

①市内大会で優勝しました。みんなが頑張ったので勝てました。応援ありがとうございます。

②先日、行われた市内の大会で優勝しました。三年ぶりの優勝となります。

③市内大会で優勝した！ 太郎も健二も真も試合に出て大活躍。僕も点取ったよ。

ア 校長先生　**イ** チームのメンバーの保護者　**ウ** クラスの友達

例題の解説

「相手意識」が重要です。「だれに向けて書いたのか」と同時に、「どういった内容・情報を書くか」が大切です。相手が知りたい情報と、快く受け止められる表現でまとめていきましょう。①では、いつも支えてくれている応援への感謝と、チームみんなで勝ったということ。②では、事実と情報をしっかりと伝えること。③では、自分やクラスの他の友達が大会でどうだったのか、など聞かれそうなことを答えています。

練習問題

問1 次の文は【　】内の人に向けて書かれています。（　　）に当てはまる適切な表現を選び、最後は自分で考えて書いてみましょう。【9月に米作りの話にきてくれた農家の方】

秋が深まり（**ア** 木々が紅葉する季節を迎えました　**イ** だんだん涼しくなってきたね）。川村さんは（**ア** 元気ですか　**イ** お元気でいらっしゃいますか）。先日は、お米作りについてくわしく教えてくださり、ありがとうございました。学校の稲も順調に成長しています。収穫が楽しみです。

季節の変わり目ですので、（　　　　　　　　　　　　　　）。小島あきと

問2 伝える相手によって書き方を変えるときは、特に何に気をつけると良いでしょう。選択肢の中からすべて選んでください。

ア 書く長さ　**イ** 伝えるべきこと
ウ 言葉づかい　**エ** 字の大きさ

友達とおしゃべりするときと、親戚の人とお話をするときは、言葉づかいが変わります。手紙も会話と同じで、相手によって言葉づかいを変えます。そのことで、相手に対する気持ち（親しさや敬意）を表します。

「伝える目的」によって変わる“書き方”

どうやって教えるの？

何かを伝える際に、「伝える目的」、つまり相手に伝えたい事柄をはっきりさせて書くことが必要です。伝えたい情報をはっきりさせること、その情報によって読み手に何をしてほしいかを明確にすることが重要です。注意点は次の３つです。

○学級のおたよりや、宿題などを例に挙げて「伝えたい情報」、「相手に何をしてほしいのか」を決めて伝える重要性について伝えます。

○次に、期限や目的が伝わりやすくなるための方法（口頭だけでなく紙で出す、クラウド上で指示する）などを書くことについて触れていきます。

○書いた後は、読み手になったつもりで読み返すことを勧め、目的を果たせているかを確認します。

ナンバ博士のコメント

「伝える目的」は、中学年以上の学習指導要領の冒頭で表示される、最も重視される事項です。この「目的」によって、内容や表現、構成も変わってきます。

練習問題、解説します！

目的を意識した文章を書くために、「伝えたい内容」を明確にし、「何をしてほしいか」という相手のアクションをはっきりさせることの意識づけをしましょう。

①の問題では文の中で、欠かせない情報は何かということを意識する練習です。知っておくべきインプット情報、つまり読み手に伝えておきたい前置きと、次に何をするべきか、何をしてほしいかというアクションを分けることでより意識が高まります。

②では、①を踏まえて、実行の期限や実際に何をすれば良いかが伝わるような書き方ができるといいですね。学級新聞のアイデアが書かれていること、期限の設定や読み手が何をするべきか、がわかる内容になっていれば正解です。

例えば、[9月15日までに、知りたいこと、調べてほしいこと、投稿コーナーなど、アイデアを書いて教室の前方にあるポストに紙を入れてください] など具体例を示して書くと、よりアイデアが集まりやすいかもしれません。

「伝える目的」によって変わる“書き方”―②

年　　組　名前

例題 えいじさんとけんたさんは、同じ班のさとこさんが落書きに夢中で班活動を前向きにやってくれないことに不満を持っています。それぞれ不満の内容が少し違う二人が残した先生へのメモを読んで、①～③に当てはまる言葉を書きましょう。

〇えいじさん：先生、さとこさんが班活動を積極的にやってくれなくて悲しいです。
〇けんたさん：先生、僕も班活動をやめて落書きをしたいです。

二つのメモに共通する目的はなんでしょうか。
さとこさんが、班活動を①（　　　　　　　　　　）ことを先生に伝えること、です。
では、えいじさんの主な目的はなんでしょう。自分が②（　　　　　　）ということを先生に伝えることであり、けんたさんは、さとこさんに③（　　　　　　）ということを伝えるという目的があります。

例題の解説
「目的意識」が重要です。「なんのために書いたのか」を意識することで書き方が変わります。えいじさんは、さとこさんの姿を見て、「自分が悲しい」ということを伝えたいと思ったことに対して、けんたさんは、「自分も落書きをしたい」という想いを伝えようとしています。

①―やってくれない　②―悲しい　③―自分も落書きをしたい

練習問題 次の文は【　】内の目的で書かれています。①「伝えたい情報」には－線を、「何をしてほしいか」には～線を引きましょう。②は適切な言葉を書き入れましょう。

①【クラスの人に発表資料を読んでもらって感想を聞く】
　日本各地のゆるキャラについて調べた内容について Google classroom にアップしました。18日までにチェックして、感じたことなどのコメントをつけてください。

②【学級新聞の内容のアイデア募集する】
　学級新聞10月号で、新コーナーを作るので、そのアイデアを募集しています。
（　　　　　　　　　　　　　　　　　　　　　　　　　　　　）。

「伝えたい情報」とは、目的のことではなく、してほしいことの前置き（準備、前提）となることです。「何をしてほしいか」の方が目的です。両者をしっかり区別して、線を引くようにしましょう。

「時間の順番」伝わる文を書く

どうやって教えるの？

日記や作文などを書く時、時間の経過の順序を追って、話を展開する説明の仕方を練習します。読んでいて面白い文章、というよりも何が起きたのかを的確に伝えたい時、今後の計画を立てる際に相手と時間の共有をしたい時に、時間の経過の順序に従って説明できると効果的です。ポイントは次の３つです。

○時間のつながりを意識する。順番に矛盾が生じないように、つなげていく。

○「まず」「次に」「それから」「最後に」などの順序を表す言葉を使う。

○「10時15分」などの時刻を表す言葉や、「30分たって」などの時間の経過がわかる言葉を使う。

ナンバ博士のコメント

時間の順序は「書くこと」での基本ですが、「次に」など順序を表す言葉だけでなく、内容から順序をイメージする力を育てることが大切です。

練習問題、解説します！

時間の順番が伝わる文を書くために意識するべき三つのことを念頭におきながら、順番を組み立てていきます。

問１　まずは、内容の前後関係が正しく並んでいるか、です。前置きや伝えるべき内容を最初に持ってくると、読み手も理解が進みます。今回は、「明日の運動会について」という前置きを最初に持ってくる必要がありますね。また、順序を表す「次に」や「最後に」などの言葉で順番を示していきます。時刻を表す「６時」「８時」「７時30分」という言葉に注目して並び替えましょう。「ただし」は、補足を表す言葉ですから、全員に対して伝えた後に使いましょう。

問２　問１の原稿には、「楽しく元気に１日を過ごせるようにしたい」という先生からの依頼内容が含まれていません。

締めくくりの言葉としてもふさわしいので、「今日は明日に備えて早めに寝て、万全の状態で明日を迎えましょう」などと付け足すとよいでしょう。

「時間の順番」伝わる文を書く

年　　組　名前 ＿＿＿＿＿＿＿＿＿＿＿＿

例題 次に示すものは、しんのすけさんが書いた運動会の作文です。時間の経過順になるように並び替えて記号で答えましょう。

ア「がんばれぇ、しんのすけぇ」スタート直前の静かな一瞬に、祖父の声が響いた。
イ 50m 走。昨年五位に終わった悔しさを晴らすため、応援席で呼ばれるのを待つ。
ウ しばらくすると係に呼ばれた。スタートライン付近に進む。僕の走る順番は３番目だ。
エ そして、「ヨーイ、パァァァン」。号砲と共に僕は飛び出した。

例題の解説
何がお起きているのか、次にどう進むのか、を意識すると時間の順番が伝わります。この時に気をつけたいのが、話のすべてを「そして」や「それから」でつながないことです。今回は、「まずは」と「そして」で時間の順番が表されています。

イ－ウ－ア－エ

練習問題 放送委員のたんじろうさんは、運動会の前日に運動会当日の流れについてお昼の放送を流してほしいと先生からメモをもらいました。そのメモから放送原稿を作ります。先生からは、「児童の皆さんが予定通り集まって、楽しく元気に１日を過ごせるようにしたい」と頼まれています。

［メモ］ ○集合時間　○中止の連絡（出欠席アプリで確認）　○お弁当と水筒を持ってくる　○体操服で登校　○係の人は７時 30 分に昇降口前

問1 たんじろうさんが書いた原稿を並べ替えてください。

ア 次に集合時間ですが、体操服で登校し、８時に自分の席に着席しましょう。
イ 最後に持ち物です。お弁当と水筒を忘れずに持ってきましょう。
ウ 開催するかどうかは、朝６時に出欠席アプリで配信します。
エ 明日の運動会についてご連絡します。
オ ただし、係の人は７時 30 分に昇降口に集まってください。

（　　→　　→　　→　　→　　）

問2 原稿の最後にたんじろうさんは、一言、付け足すことにしました。どんな一文を付け加えるとよいでしょうか。

＿＿＿＿＿＿＿＿＿＿＿＿＿＿＿＿

＿＿＿＿＿＿＿＿＿＿＿＿＿＿＿＿

＿＿＿＿＿＿＿＿＿＿＿＿＿＿＿＿

エには順序の言葉がないので、内容をみると、時間のことが書いてあり、どの文のあとに続くとわかりやすいか考えよう。問２は、メモと照らし合わせて、メモにあるけどアイウエにないことを付け加えよう。

「空間のイメージ」伝わる文を書く

どうやって教えるの？

知らない場所に行く人に、道順や建物の場所などを説明する練習をしましょう。道順や場所を説明するときは次のようなことに気をつけます。

○相手の頭に空間のイメージが浮かぶように説明しましょう。

○相手に誤解がないような説明を心がけましょう。

○目印となるものは、誰にでもわかりやすく、目立つものを伝えましょう。

○“遠く”の大きい目印、“近く”の小さい目印を意識すると良いです。

情報を多くしすぎても逆にわからなくなってしまうので、最小限の情報で的確に伝えることが必要です。

道順を説明するときのヒント

○数字を効果的に（一つ目の～、三軒目を～など）

○色を伝える（赤色の屋根の～、黄色いビルを～など）

ナンバ博士のコメント

空間の順序も書くことの基本。ですが、時間と違い空間には順序がありません。誰（どこ）からみたどんな基準の順序かを見極められるようにしましょう。

練習問題、解説します！

最終的なゴールに対しての道順を明らかにし、そこに至るまでの道順を正しく伝えていきます。この時に、迷いそうな場所はどこなのか、大きくてわかりやすい目印はどこなのかを考えながら書きます。

今回は、スタート地点が小学校なので、そこを基準として意識できると伝えやすくなります。そして、わかりやすくてなるべく誤解のない目印（公園やポスト、家の屋根の色など）を示してどう進むかを明らかにし、最後は間違いのないように特定できる情報を伝えます。

また、東西南北も重要な情報です。街並みや海・山など空間の東西南北がわかりやすい場合、地図と共に示せる場合は、東西南北を伝えていくとより正確です。

「空間のイメージ」伝わる文を書く

年　組　名前

例題　次に示すものは、ある駅前の地図です。場所の説明として正しいものをそれぞれ選びましょう。

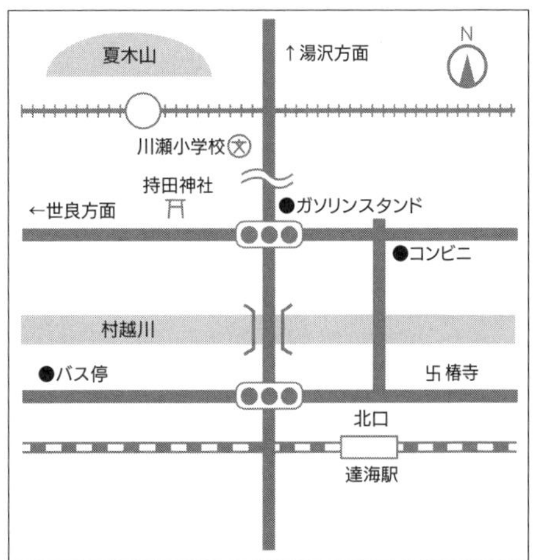

①椿寺は、駅の北口を出て（左・右）に行ってすぐのところにある

②コンビニは、北口を出て、（突き当たりを右・右に行った先）にある

③ガソリンスタンドは、北口を出て左に進み、信号を（右に曲がる・直進する）。その後、橋を（渡って・渡らずに）しばらく歩いて次の信号の奥にある。

例題の解説　自分が進もうとしている向きに対して右か左かを言う感覚を持つこと。信号や橋など誰でも分かる目印を頼りにして説明していく必要があります。

① ― 右
② ― 突き当たりを右
③ ― 右に曲がる　／　渡って

練習問題　かえでさんは、初めて自分の家に遊びにくるりょうたさんに道順を教えるメモを書きます。次の地図を見て、的確に伝えるためにはどう書けば良いでしょうか。まず、かえでさんの家までの道順を線で書き入れましょう。次に、空欄１～７に入る言葉を選択肢から選び、記号で答えましょう。

小学校の（　１　）を出て、（　２　）の方に向かいます。最初の信号を（　３　）に曲がり、（　４　）の角を（　５　）に曲がります。しばらく行くとポストが見えてくるので、そのポストを通り過ぎた（　６　）の（　７　）屋根の家が私の家です。

ア 北門　**イ** 東門　**ウ** 右　**エ** 左　**オ** スポーツセンター
カ 公園　**キ** 赤い　**ク** 青い　**ケ** 一軒目　**コ** 二軒目
サ コンビニ

答え
①　②　③
④　⑤　⑥
⑦

まず地図に、小学校の門の向きをヒントに東西南北の方角を書き入れよう。次に地図だけを見て、小学校からかえでさんの家までの道順を線で引いてみよう。そして、道順の説明を読みながらその線をたどり、（　）の中に適切な言葉を入れていこう。

具体と抽象を使った文を書く―具体・抽象の理解

どうやって教えるの？

相手に伝わりやすい文を書くためには、詳しい情報を述べる部分と、大まかにまとめた部分とをはっきりと書き分けることが大切です。具体と抽象を意識的に分けて書くことで、主張が伝わりやすくなります。

具体とは、より詳しい言い方です。抽象は、まとめた言い方です。

具体と抽象の関係は、

「抽象。例えば、具体、具体。」「具体、具体。つまり、抽象」のように表すことが出来ます。具体的な例をいくつか述べることで、抽象をよりくっきりと印象づけられるようになります。抽象度が高いものこそ、具体例を多く挙げていくとよいでしょう。

ナンバ博士のコメント

具体と抽象は、中学年から学習指導要領の「情報と情報との関係」でも取り入れられています。絵や図で説明するようにすると理解しやすいですよ！

練習問題、解説します！

例題で取り組んだように、具体と抽象に線を引きながらチェックしていくとよいでしょう。全ての問題が、一つの抽象語に対して複数の具体語を挙げて説明をしています。空欄以外の具体語をよく見て、同じ種類のグループとして挙げられそうなものを選ぶことが重要です。抽象語を選ぶ問題では、具体語の中から共通点を探し出す練習となります。『抽象→具体、具体』、『具体、具体→抽象』のパターンをよく知ることで、自分でも書くときのイメージを持てるようになることが狙いです。

例えば、②の問題ではパプアニューギニアは、南国ではありますが、果物ではありません。

りんごの名産地は青森だというイメージがあれば、南国ではないことがわかります。

⑤の問題では、「まちなかで見かけるもの」は選択肢の中にたくさんありますが、「具体、具体→抽象」のパターンを意識すると、抽象的な言葉は、「看板」しかないため、最後の空欄に看板が入ることが分かり、その他の空欄も埋められるようになります。

具体と抽象を使った文を書く—具体・抽象の理解

年　組　名前

例題 次の例文では具体は—を、抽象には＝を引いています。確認して線をなぞりましょう。

例 七夕で小学三年生が、願い事をすることになりました。短冊には、「推しと結婚したい」や「スマホゲームの課金無制限」、「カレーライスを腹一杯食べたいな」などの内容が書かれています。かなえたいことは人それぞれです。

例題の解説
「願い事」という言葉が文の抽象度が高い部分となります。それに対して、「推しと結婚したい」「スマホゲームの課金無制限」「カレーライスを腹一杯食べたいな」は具体的なものとなっています。最後の「かなえたいこと」も抽象的な言葉であることを忘れないようにしましょう。

練習問題 具体と抽象の関係になるように空欄に入る言葉を選び、記号で答えなましょう。

①小学生の休み時間の過ごし方は、さまざまである。例えば、読書、消しゴム遊び、（　　　　）である。
［**ア** 上ばき　**イ** ドライブ　**ウ** おにごっこ　**エ** 授業］

②この世界にはたくさんの南国の果物がある。例えば、（　　　　）、マンゴー、パイナップルである。
［**ア** レタス　**イ** パプアニューギニア　**ウ** りんご　**エ** バナナ］

③筆箱にはいろいろな（　　　　）が入っている。赤ペン、鉛筆、消しゴムなどである。
［**ア** 夢　**イ** 筆記用具　**ウ** 音楽室　**エ** 定規］

④卒業のお祝いで一つだけ（　　　　）をもらえることになりました。おまんじゅう、どら焼き、（　　　　）のどれかを選びます。
［**ア** 感動　**イ** チョコレート　**ウ** ぶどうジュース　**エ** お菓子　**オ** 花束］

⑤コンビニ、（　　　　）、（　　　　）など、まちなかを歩いているとあちこちで（　　　　）を見かける。
［**ア** 街路樹　**イ** 看板　**ウ** スーパー　**エ** 自動車販売店　**オ** 郵便ポスト］

具体が集まって抽象になる、つまり抽象とはグループの名前であることを理解しておこう。問題文を見て、グループの名前の方（抽象）を◯で囲み、具体の名前の方を□で囲んで区別しながら考えよう。

「つまり」「このように」まとめの言葉を使って書く

どうやって教えるの？

短い文を書く際の具体と抽象については、すでに練習しました。ここでは、少し長い文章になったときにどのようにまとめの言葉でまとめていくかの練習をしましょう。

文章の中には、それまでの要点をまとめの言葉でまとめた文があります。ここでは、「つまり」「このように」「要するに」などのまとめの言葉の使い方を練習していきます。

ナンバ博士のコメント

まとめとは「抽象化すること」、それまでの具体をまとめて一つのグループにすることです。文章や段落の後ろにくるとは限りません。

練習問題、解説します！

練習問題では、具体的な例を挙げながら、それはどういうことを伝えるためのものかを考える練習をします。問１①の場合、「海」や「山の頂上」→広い場所、「ワー」「ヤッホー」という声→大きな声を出す、という二つの抽象化が行われていますので、そのことを意識しながら解説しましょう。②では、「生き生きと過ごす」ためには、受け身だとやる気を失ってしまうし、能動的に動ける場合は喜んでできるという部分を抽象化して汲み取り、「自分から夢中になれること」を探すことが必要だというまとめに繋げます。

問２は次のように問いかけながら説明すると良いでしょう。

○三つの具体例に共通するのは、どんな時でしょうか？

○三つの具体例では全てどんな行動をとっていると言えますか？

「怪獣がやってくる」「帰り道で迷う」「駅で気分が悪くなる」は、いずれも「困った時」と言えます。次に困った時にどう行動しているか、という共通点を探っていきます。「警察に守ってもらう」「詳しそうな人に聞く」「駅員に伝える」は、「人を頼る」という共通項があります。以上の点で、「困った時は人を頼るようにしましょう」、という答えを導き出せるとよいでしょう。

「つまり」「このように」まとめの言葉を使って書く

年　　組　名前

例題 次の文章の空欄のどこに「このように」という言葉が入るでしょうか。記号で答えましょう。

昔はけん玉やベーゴマ、カルタなどで遊んだ。（　ア　）トランプやボードゲームなどが流行った時期もあった。（　イ　）今は、携帯用ゲーム機で遊んでいる小学生が多い。（　ウ　）流行っている遊びは、時代とともに変わっていくのである。

例題の解説

「このように」はまとめの言葉なので、最後に入ることは想像がつきますが、（ウ）よりも前の部分では具体的な言葉が並んでいることに注目しましょう。具体的な言葉を並べて、最後にまとめの言葉で抽象化していくという流れを確認します。

答え ウ

練習問題

問1 次の出来事をことわざで表すときにふさわしいものを下の選択肢から選びましょう。

①夏に海に来ると「ワー」と声を上げながら海に飛び込みます。また、山の頂上に着くと「ヤッホー」と言ってしまうことがあります。このように、（　1　）。

ア 広い場所に来ると、人間は大きな声を出したくなるものです。

イ「ワー」と「ヤッホー」は違います。

ウ 山よりも海の方を好きな人が多くいます。

②家でも学校でも「あれをやれ、これをやれ」「ドリルを解け」と言われるとやる気を失ってしまう。でも、好きなことや興味があることなら喜んでどれだけでも取り組める。つまり、小学生が生き生きと過ごすには（　2　）こそが必要である。

ア 先生や家の人の言いなりになること

イ 自分から夢中になれることを探すこと

ウ 校庭で走り回ること

問2 次の文章の空欄に入る言葉を、自分で考えて答えましょう。ただし、「困った時は」という言葉を必ず使うこと。

怪獣がやってきたときは警察に守ってもらおう。帰り道で迷ってしまったら詳しそうな人に聞こう。駅で気分が悪くなったら駅員さんに伝えよう。

このように、（　　　　　　　　　　　　　　　　　　　　　　　　）。

問１はまとめを書く問題なので、それまでの具体をまとめて共通のグループにするとしたらどうなるかを考えよう。問２もまとめを書く問題だけど、「警察に守ってもらう」「人に聞く」などをまとめるとどう言えるかな？

第1章
「書く」
基本編

“ことわざ”で具体を抽象に―具体・抽象を意識して書く①

どうやって教えるの？

昔から言い伝えられてきた知識や教訓であることわざを使うことで、実際に起きた出来事を一言でわかりやすく相手に伝えることができます。もちろんことわざの意味を知っていることが前提になりますが、具体的にイメージをしながら意味をとらえることで、その場の状況や心情が伝わりやすくなります。コミュニケーションを取る上での「共通言語」として使えると便利というように紹介するとよいのではないでしょうか。

ナンバ博士のコメント

ことわざは伝統的な言語文化の事項ですが、ここでは「ある具体的なこと（＝ことわざ）」を使って抽象的なことを表現するものと捉えています。

練習問題、解説します！

ここではことわざの意味を示したうえで、具体的な出来事とことわざを結びつける練習をします。動物や人が出てくるものは子どもにとっても馴染みやすく、動作のイメージがしやすいです。実際の事象を元にしているものは、自分の身に起こったらどんなだろうか？と例文を作ることで理解が深まります。

①泣きっ面に蜂

泣いているときに顔を蜂に刺されて、いっそう辛い思いをするというところから、悪いことが重なることを例えたことわざです。嫌なことがあった上にさらに辛いことが加わる例を書いてみましょう。

例：テストの結果が悪かったうえに、友だちとけんかをしてしまった。

②百聞は一見にしかず

どんなにたくさん聞くよりも、一度自分の目で見るほうが確かだ、という意味のことわざです。言葉通りの耳から聞く情報だけでなく「教科書で読んで知っていた」というように、机上の知識の場合もあてはまります。人からの情報でわかった気になるのではなく、何事も自分で体験してみることが大事だというエピソードが書ければよいでしょう。

例：歴史の資料集でしか見たことがなかった城を実際に見て、工夫された作りにおどろいた。

“ことわざ”で具体を抽象に―具体・抽象を意識して書く①

年　　組　名前

例題 次の出来事をことわざで表すときにふさわしいものを下の選択肢から選びましょう。

A いたずらがばれて、こっぴどくしかられてしょんぼりしている

B あれもこれもと手を出して、一つもやりたいことが終わらなかった

C ずっとメガネを探していたのだが、頭の上にのせたままだった。

①灯台下暗し　②青菜に塩　③あぶはち取らず

例題の解説

Aは「青菜に塩」です。今まで元気だったのに、急に元気をなくす時に使うことわざで、もとから元気がなかった人や、体調不調で元気がない場合には使用しません。
Bは「あぶはち取らず」です。色々と手を出して、結局どれも得られないことを言います。似た意味のものに、「二兎追うものは一兎も得ず」があります。
Cは「灯台下暗し」です。この灯台は、岬にあるものではなく、昔の室内を明るくする照明器具です。人は身近なことには案外気がつかないものという意味で使われます。

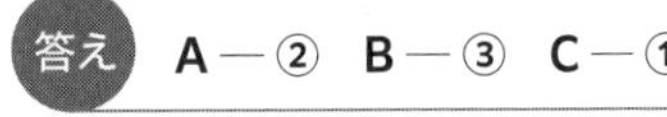

答え A―②　B―③　C―①

練習問題 次のことわざに対応するような出来事にはどのようなものがあるでしょう。身近な例でお話を作ってみましょう。

①泣きっ面に蜂

②百聞は一見にしかず

ことわざを知識で覚えるのもいいけど、ここでは、そのことわざがどんなようすを表しているかまずイメージしよう。そこから、どんな出来事にそのことわざが当てはまるかを考えて、ことわざの意味を覚えていこう！

第1章
「書く」
基本編

「主題→具体」を使って書く―具体・抽象を意識して書く②

どうやって教えるの？

詳しい情報を述べる「具体」の部分と、大まかにまとめた「抽象」の部分とをはっきりと書き分けることで、伝えたいことがより明確になるという例を続けて学習していきます。このとき、２者を書く順番も大切です。

今回は言いたいことのまとめである主題をまず初めに持ってくる書き方を練習します。主題を述べてから、それについてよりわかりやすくするための具体を後ろにつなげる書き方です。例題では、まず主題と具体を見分ける練習で２者の違いを確認しましょう。

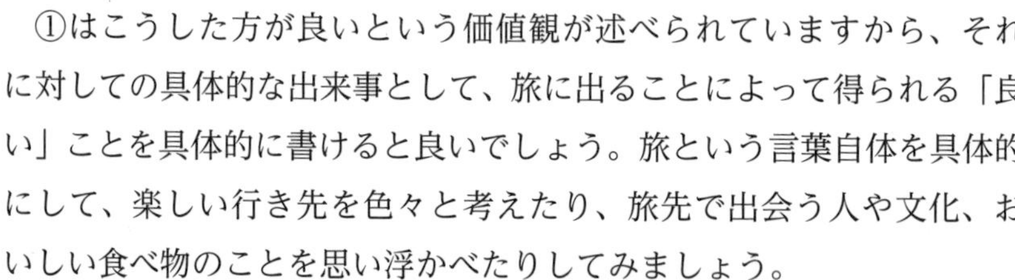

練習問題、解説します！

練習問題では、主題に対して具体的な出来事を書き加えることで、主題と具体の書き分けやつながりの確認をします。

①はこうした方が良いという価値観が述べられていますから、それに対しての具体的な出来事として、旅に出ることによって得られる「良い」ことを具体的に書けると良いでしょう。旅という言葉自体を具体的にして、楽しい行き先を色々と考えたり、旅先で出会う人や文化、おいしい食べ物のことを思い浮かべたりしてみましょう。

②は「それぞれ」という言葉に対応させて、「青は静かな雰囲気や涼しいイメージである」など、色をいくつかとりあげて紹介できるとよいと思います。イメージがすぐに浮かぶようならば、そう思う理由まで考えてみるなど、問題を発展させてみてください。

③の主題は、「考えよう」と呼びかけの表現になっています。「身近な環境問題について」とテーマも決まっていますので、ゴミ問題やレジ袋の有料化など思いついたものについて考える必要がある、というようにまとめられるとよいのではないでしょうか。

「主題→具体」を使って書く—具体・抽象を意識して書く②

年　　組　名前

例題　次の文章の主題は①と②どちらでしょうか。

A ①ここ数日、真夏日が続いている。
②このような暑い日は水分をたくさん取るべきだ。

B ①素晴らしいピアノの演奏を聴いた。
②ピアノを習ってみたくなった。

C ①まだ明日の発表の準備が終わっていない。
②居残りをしてでも終わらせたほうがいいだろう。

例題の解説

A　真夏日が続いているというのはみなさんが知っている事実です。それに対して、する「べき」だと強い考えを述べる言葉のある②が主題です。

B　ピアノを習ってみたいという主観的な気持ちが書かれているので②が主題です。①はそのきっかけとなった具体的事実です。

C　①は今の状況が事実として書かれています。②はその事実に対してした方が良いことを述べていますからこちらが主題です。

答え　A—②　B—②　C—②

練習問題　つぎの主題に対して、あなたの考える具体的な出来事を書いてみましょう。

①若いころはたくさん旅に出た方が良い。

②色にはそれぞれ色々なイメージがある。

③身近な環境問題についてみんなで考えよう。

主題がすでに書いてあるね。この次に、「たとえば」と続けてどんなことが書けそうか考えてみよう。①ならば「たとえば旅に出たらどんないいことがあるか」を考えてみよう。体験でも想像でもいいよ！

「このように」で結論を導く―具体・抽象を意識して書く③

どうやって教えるの？

文章の中の、それまでの要点を「まとめ」の言葉でまとめた文を示すために、「つまり」「このように」「要するに」などのまとめの言葉があることはすでに学習しました。

これらの言葉が出てくることで、これからまとめが書かれるのだと読み手側が意識できます。自分の意見を相手に伝えるときにこのような言葉を効果的に使えるようになるとよいでしょう。また、書くときだけでなく、読む際にもその前後の関係を捉えるようにすると、文章の要旨を逃さずに読むことができます。

ナンバ博士のコメント

「このように」は、具体から主題（抽象）へとつなぐ言葉です。まとまりの後ろに来ることが多いですが、一番最後にくるとは限りません。

練習問題、解説します！

「このように」という言葉の意味を意識して例文作りをします。前に書かれた要点をまとめるときに使う言葉ですから、要点に沿った２つ以上の具体的な文章を書くことを課題としました。

①は「季節ごとに行事がある」ことが要点ですから、季節の行事について具体的に述べた文を並べます。「季節ごと」という言葉があるので、２つ以上の季節について触れなければなりません。春夏秋冬、それぞれで行われる行事が思い浮かぶでしょうか。子どもが書きにくそうにしているようならば、春は～、夏は～と並列の書き方をするように声掛けしてみましょう。

②は、２つの意見を比較して片方を「おすすめする」と主張につなげていますので、友だちと過ごす方がよいと思えるような具体的な事項を書いた文章を作ります。友だちについては、自分と重ね合わせやすいテーマなので比較的書きやすいと思います。自分と異なる考えを聞くことができる、たのしい思い出を共有できるなど、自分の言葉で書けるとよいでしょう。

「このように」で結論を導く―具体・抽象を意識して書く③

年　　組　名前

例題　次の文で「このように」という言葉は、どこにいれたら意味が通るでしょうか。

みなさんにはたくさん旅をしてほしいと思います。（　A　）旅行に行くと、昔からの歴史的な建物や美しい自然に出合えます。（　B　）出会った人々と話すことで地元の文化に触れることもできます。（　C　）旅には多くの魅力があります。（　D　）長い休みにはぜひ旅をすることをおすすめします。

例題の解説

つなぎ言葉を入れる問題でした。「このように」はそれまでの要点をまとめた言葉ですから、旅の良いところを並べた後に、「旅には多くの魅力があります」とまとめている文章の前の（　C　）に入ります。ちなみにAはつなぎ言葉なしでも意味が通りますが、いれるとすれば、「なぜなら」という理由を述べる言葉が良いでしょう。Bは前後ともに旅行の良いところが書かれているので、「また」という並べる言葉が入ります。

C

練習問題　「このように」という言葉を使って、要点をまとめた文を書いてみましょう。その際、「このように」の前には、要点に沿って２つ以上の文章を並べましょう。

①要点：「このように」日本は季節ごとに行事がある。

②要点：「このように」一人で過ごすよりも友だちと過ごすことをおすすめする。

「このように」の後ろは主題（抽象、まとめた内容）が来るので、その前には、具体例を入れよう。①でいえば、「季節ごとの行事」、②ならば、「友だちと過ごすといいこと」の具体例を、２つ以上考えて書こう。

「しかし」「一方で」を使って書く—対比を使って書く

どうやって教えるの?

「しかし」「一方で」というつなぎ言葉を使って前の意見と異なる考えを表す書き方について学習します。内容が反対、もしくは大きく異なる対照的な2つの物事を照らし合わせながら述べたい場合に使います。つなぎ言葉の前に書いたことよりも後ろに書いたことの方が読み手の印象として強く残りますから、それを意識して文の組み立てができるようになると良いでしょう。

子どもには、プラス面とマイナス面、共通する点と異なる点、というように反対の概念を例に挙げてみてください。その際、「対比」という言葉もあわせて説明しておきましょう。

対比とは、2つのものを並べあわせて、比べることです。いきなり文の対比についてを説明するのではなく「大きい」と「小さい」、「上」と「下」など、違いを際立たせるときには並べることが有効であることを話してみるとよいかもしれません。

ナンバ博士のコメント

逆接や対比では、何が対比(逆)になっているかを見抜く必要があります。また、対比されていることが明示されない場合(たとえば例題A-③)もあります。

練習問題、解説します!

元の文の主語に注目して、対比の内容を考えていきます。

①の主語は「昨日は」ですから、後に続く文には昨日以外の日のことを書けばよいことがわかります。この場合は「今日」を主語にすると自然でしょう。内容としては「天気が良い」に対して反対の内容ですので、「朝から雨が降っている」「天気が下り坂」「どんよりとして曇り空」など、表現に工夫して天気が悪いことが伝わる文にすると、「しかし」というつなぎ言葉とうまくつながります。

②は「一方で」という言葉に続く対比の文章を作る問題です。

科学技術の進歩について述べられており、「日本をとても豊かにした」とよい結果が示されています。ですから、科学技術の進歩によって、環境問題や公害など、よくない影響もあった、という内容にするとよいですね。

「しかし」「一方で」を使って書く—対比を使って書く

年　　組　名前

例題　次の文章に対比の形で文を続けるとすると、下の①〜③のどの文が合うでしょう。続く内容としてふさわしいものを選びましょう。

A 今週は試験がなくて嬉しい。
B ヘチマなどでつくる緑のカーテンは環境に良いと言われる。
C こちらのレストランの料理は美味しい。

①一方で、家の中が暗くなるし、虫が発生しやすくなるなど問題点もある。
②しかし、値段が少し高いのでたまにしか行くことができない。
③しかし、レポートの提出期限が迫っている。

例題の解説
それぞれの内容に対応するものを考えます。Aは試験がない⇔レポートはある、という異なる状況を述べています。Bは緑のカーテンの良いところと問題点という反対の内容を取り上げています。Cはレストランについて、反対の内容、大きく異なる内容をつなげるときに「しかし」「ところが」を使うと効果的でわかりやすくなりますね。

A—③　B—①　C—②

練習問題　「しかし」「一方で」を使って対比の関係になるように文章の続きを書いてみましょう。

①昨日はとても天気が良かった。（しかし）

____

____

②科学技術の進歩は、戦後の日本をとても豊かにした。（一方で）

____

____

まずその文の、どの言葉や内容と対比（逆）させるかを考えよう。①なら昨日あるいは天気が良い、②なら戦後の日本などとなるね。そして、後ろの文では、そのことと対比的になること（反対のこと）ことを考えよう。

「なぜなら」「だから」を使って書く—原因と結果①

どうやって教えるの？

Aという原因がもとでBという結果が生じる場合、この原因と結果の関係があることを「AとBには因果関係がある」と言います。子どもに「因果関係」について説明するときは、原因と結果を聞いてなるほどと思える関係かどうか、などと問いかけるとイメージがつくかもしれません。

因果関係があることを表すつなぎ言葉としてよく使われるのは「なぜなら」「だから」です。このつなぎ言葉を使って因果関係を正しく表す書き方を学習しましょう。

「なぜなら」「だから」という接続語以外に、因果関係を表す語はたくさんありますが、文中に隠れていることが多いので、意識化させましょう。

練習問題、解説します！

「なぜなら」「だから」の使い分けの練習として作文をしてもらいます。

①「雨が降りそう」という状況が原因になり、その結果としての出来事、行動が後に続きます。この場合は「だから」でつなぎ、「かさを持っていくことにした」「外遊びの予定を中止にした」などその後のなるほどと思える行動を引き出せるとよいでしょう。

②「食欲がない」というのは結果にあたりますから、その原因を「なぜなら」でつないで書きます。色々な理由が考えられると思いますが、小学生であれば「その日に学校でゆううつなことがあるからだ」、「昨日夜更かししたからだ」など自分に当てはめて考えさせるとでてくると思います。「なぜなら　～からだ」という構文を使えるようにしましょう。

そしてナンバ博士のコメントにもあるように、因果関係を表す言葉はたくさんあります。子どもには、同じような役割を持つつなぎ言葉にどんなものがあるかを考えさせてみましょう。

例えば、「そのため」「したがって」「その結果」など、自然と文章の中に入れ込んで使っているはずの言葉が原因と結果の関係を表していることを意識させるとよいでしょう。次のページでは、他のつなぎ言葉を使って文を書く練習をします。

「なぜなら」「だから」を使って書く—原因と結果①

年　　組　名前＿＿＿＿＿＿＿＿＿＿＿＿＿＿＿＿

例題　①と②の文が同じ内容になるように（　　）に入る言葉を書きましょう。

A ①どの花もとてもきれいだった。だから、どの花を買うか迷ってしまった。

②どの花を買うか迷ってしまった。なぜなら（　　　　　　　　　　）からだ。

B ①部屋を片付けなければならない。なぜなら、これから来客があるからだ。

②これから来客がある。だから、（　　　　　　　　　　　　　　）

例題の解説

「原因→だから＋結果」を同じ内容で言いかえると、「結果→なぜなら＋原因」となることに気づけたでしょうか。「から」という言葉が理由を表すことを覚えておきましょう。Aはどの花を買うか迷った理由なので、「どの花もとてもきれいだった」が入ります。Bは、来客があることで起こる結果にあたるので、「部屋を片付けなければならない」が入ります。

A — 花がとてもきれいだった
B — 部屋を片付けなければならない

練習問題　次の文の続きを、「なぜなら」「だから」のどちらを使うかを考えて書いてみましょう。

①いまにも雨が降りそうだ。（結果を書く）

＿＿＿＿＿＿＿＿＿＿＿＿＿＿＿＿＿＿＿＿＿＿＿＿

＿＿＿＿＿＿＿＿＿＿＿＿＿＿＿＿＿＿＿＿＿＿＿＿

②朝からぜんぜん食欲がない。（原因を書く）

＿＿＿＿＿＿＿＿＿＿＿＿＿＿＿＿＿＿＿＿＿＿＿＿

＿＿＿＿＿＿＿＿＿＿＿＿＿＿＿＿＿＿＿＿＿＿＿＿

文の順番を変えずに考えてみよう。また、どちらも「から」という語を入れるとして、前の文の最後につけるか、後ろの文の最後につけるかを考えてみよう。「〜から、〜」か「〜は、〜からだ」のどちらにするか、ということだよ。

「なぜなら」「だから」を使わずに書く―原因と結果②

どうやって教えるの？

因果関係を表す言葉として「なぜなら」「だから」の２つを取り上げましたが、他の言葉を使って原因と結果を表す文章を練習してみましょう。

一つの文章の中での原因と結果がそれぞれどの部分にあたるかを意識して書けるとよいです。使う言葉自体にどのような意味があるかも考えられると応用が利くようになります。

ナンバ博士のコメント

論理関係において最も重要なのが因果関係です。因果関係には､「原因ー結果」と「理由ー考え」の２種類があることに留意しましょう。

練習問題、解説します！

テーマの通り、「なぜなら」「だから」を使わず、意味を変えずに文章を書く練習をします。

文章の中で、前後の関係が「原因・理由→結果」なのか「結果→原因・理由」なのかを確認してどちらを先に持ってきた方がよいかを考えさせます。

①は映画というものが知らない世界を見せてくれることが「原因・理由」となり、映画が好きという「結果」につながっている「原因・理由→結果」です。

そのため、「から」「ので」を使ってそのままの順番でつなげます。

②では､寝る前に体を動かすとよく眠れるという「結果」について､その後ろに「理由」が書かれて「結果→原因・理由」の構文となっていることを確認します。

一文にする時は、「原因・理由→結果」の順で書いた方が自然です。「体を動かすことで体がリラックスする」ことを理由としてつなげるために「ので」を使って書きましょう。

「から」「ので」という言葉は文の途中でもよく使われますが、両者は受け手に与える印象に違いがあります。「から」は、自分の意見をより主張したい時に使われ、強く原因を特定するような意味合いを持ちます。

一方で、「ので」は何が原因であると限定的な意味は弱くなり、やわらかく表現したいときに使われることが多いです。

このように、言葉の持つ印象も考えて使い分けられると、より意図が伝わる文になります。

「なぜなら」「だから」を使わずに書く―原因と結果①

年　組　名前

例題　次の文章の意味が通るように、空欄に入る言葉を選び記号で答えましょう。

A コンサートのチケットが手に入った（　　　　）予定が入っていて行けない。

①から　②ため　③けれど

B わたしが勇気をだして発言をした（　　　　）話し合いが進んだ。

①けれど　②ことによって　③にもかかわらず

C 本番で失敗した。全然練習をしていなかった（　　　　）仕方ない。

①のだが　②のだから　③けれども

例題の解説

前後の関係を読んで、どういった意味の言葉が入ったらいいのかを考えます。
A 「チケットが手に入った」⇔「行けない」という逆の関係なので、逆接の「③けれど」が入ります。①、②はどちらも理由を表す言葉です。
B 「発言をした」結果、話し合いが進んだので因果関係を表す、「②ことによって」を入れると意味が通ります。
C 「練習をしていなかった」ことが原因で、失敗という結果を招いているので、「②のだから」を入れるとつながります。

A―③　B―②　C―②

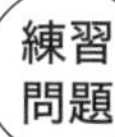

次の文章を「なぜなら」「だから」を使わず、1文につなげてみましょう。

①映画はわたしの知らない世界を見せてくれます。だからわたしは映画が好きです。

②ねる前に体を動かすとよく眠れます。なぜなら体を動かすことで体がリラックスするからです。

「原因／理由ーだからー結果／考え」と「結果／考えーなぜならー原因／理由」という2つのパターンを覚えておこう。①なら「結果を書く」だから「だから」を入れて、②なら「原因を書く」だから「なぜなら」を入れて考えよう。

文章中の言葉から「順序」を読み取る―順序の読解

どうやって教えるの？

文章には、順序を表す言葉が明確に書かれている場合とそうでない場合とがあります。順序を表す言葉がある場合はそれらの言葉を手がかりにし、ない場合でも他の言葉から必要な情報を見つけ出すことで、書かれた内容の順序がつかめるようになります。

以下に、文章を用いて順序を指導する際のポイントを３点に分けて記述します。

①「初めに→次に→最後に」「まず→それから→さらに」「一つ目は→二つ目は→三つ目は」など、「明確に順序を示す言葉」を確認します。順序を表す言葉の組み合わせ方は「一つ目は→次に→最後に」というように文章によって変わる可能性もあります。

②順序を示す明確な言葉がない場合は「時間の経過」「物事の進行」を表す言葉に着目します。読みながら書かれた状況を頭の中で思い浮かべる意識をつけられるとよいでしょう。読み進めることと思い浮かべることを同時にするのが難しいようであれば、読むのを止めて状況を思い浮かべてみてもかまいません。

③最後に、「一つ目に何があった」「次に何が起こった」「最後はどうなった」のように、子どもに質問をしながら順序を確認します。順序の目印を見つけるだけで終わらず、「順序を表す言葉＋起こったこと」をセットでとらえることが大切です。必要に応じて、順序を表す目印になる言葉に印をつけておいてもよいでしょう。

ナンバ博士のコメント

順序を読み取る力はイメージ力です。文章を読みながら頭の中で順序を想像させましょう。文章に「べったり」だと、かえって順序が見えにくくなります。

練習問題、解説します！

今回は文章中の言葉をもとにした時間や物事の順序の読み取り方がテーマです。

「明確に順序を表す言葉」「明確に順序を表してはいないが、時間の経過や物事の進行を示している言葉」に注目しながら、時間軸に沿って文章の流れをつかむ練習をしていきます。

練習問題は、ホットケーキの作り方を順序だてて説明したレシピです。「最初に」「次に」といった順序を表す言葉や、「準備」「完成」といった言葉に注目し、順序よく並べましょう。ただし、目印となる言葉ばかりに注目していると前後関係を見誤ってしまうこともあります。この問題では、「最初に」という目印が入っているイよりもウの方が時間的に前に来ることがポイントです。頭の中で状況を思い浮かべながら並べていきましょう。並べ終わったら最初から最後まで通して読み、おかしなところがないかどうか確認しましょう。

文章中の言葉から「順序」を読み取る―順序の読解

年　　組　名前

例題　次に示すものは、優奈さんの朝の日課です。①～③に入る言葉を次のア～オから選び、記号で答えましょう。

わたしは、毎朝目が覚めるとベッドの上で①（　　　）大きく体をのばします。これをすると、目だけでなく体全体が起きる感じがします。②（　　　）ベッドを出てカーテンをあけ、天気を確認します。天気のよい日は太陽の光が窓から飛びこんできます。③（　　　）ふとんや毛布をきれいに直し、朝ごはんを食べに、自分の部屋を出てリビングに行きます。

ア それから　　**イ** たとえば　　**ウ** 次第に　　**エ** まず　　**オ** 最後に

例題の解説　①「ベッドの上で大きく体をのばす」→②「ベッドを出てカーテンをあける」→③「ふとんや毛布をきれいに直し、部屋を出てリビングに行く」という順序に合わせて言葉を選びましょう。実際に空らんに言葉を入れ、全体を通して読んでみることも大切です。

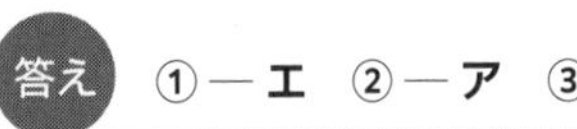

練習問題　次に示すものは、ホットケーキの作り方をまとめたメモです。正しい順序になるように、次のア～カを並べ替えて記号で答えましょう。

ア 小さな泡が出たらひっくり返し、全体に火が通れば完成です。
イ 最初に卵と牛乳をよくかき混ぜておきます。
ウ 材料のホットケーキミックスと卵、牛乳をそろえ、袋を準備します。
エ 生地をフライパンに流しいれ、弱火でしばらく焼きます。
オ 次にホットケーキミックスを入れ、さっくりと混ぜ合わせて生地をつくります。
カ フライパンを熱したあと、少し冷ましておきます。

「最初に」などの言葉にまどわされないようにしよう。頭の中で、ホットケーキを作っていく手順を想像して、それから文章を読んでみよう。生地を作るところと焼くところがあることに気づこう。

詳しく述べた部分とまとめた部分—具体・抽象の理解①

どうやって教えるの？

文章を正確に読み取るために、詳しく述べた部分（具体）とまとめた部分（抽象）があることをとらえます。以下に具体と抽象について指導する際のポイントを３点に分けて記述します。

①物事について詳しく述べた部分が具体、それらをまとめた部分が抽象であることを提示します。抽象はそれぞれの具体内容の共通点をまとめたもの、具体の集まりにグループ名をつけたもの、などと説明できます。

②先に抽象内容を示してから後で具体内容を並べる形と、先に具体内容を列挙してから後でそれらをまとめた抽象内容を示す場合があることについて説明します。抽象内容か具体内容のどちらかを示し、対応する内容を子どもに挙げさせるとよいでしょう。

③単語レベルでとらえた場合に抽象を上位語、具体を下位語とも呼ぶことを説明し、上位語・下位語（あるいは抽象・具体）の関係が固定的なものではなく、おたがいの関係性によって決まるものであることを示します。たとえば、「スポーツ（上位語）→球技（下位語／上位語）→サッカー（下位語）」のように、ある言葉との関係において下位語（具体）となるものが、別の言葉との関係においては上位語（抽象）となる例を子どもと考えてみましょう。また、「スポーツではあるが球技ではない例」「球技ではあるがサッカーではない例」を考え、具体にあたる内容が「抽象内容で説明される共通点を持ちつつ、それぞれ異なる部分も持つ」ことを理解させるとよいでしょう。

ナンバ博士のコメント

上位語と下位語の関係は、図や絵で表現するとわかりやすいです。積極的に取り入れましょう！単語、語句や文、文章レベルでも具体・抽象は図にできます。

今回は具体と抽象の概念がテーマです。単語レベルでは、抽象的な内容を表す語を上位語、具体的な内容を表す語を下位語と呼びます。今回の問題では、上位語が下位語の内容を包含していれば広く許容し、たとえば③で「乗用車／商用車」という下位分類が出ても、さらに下位の分類にあたる具体的な車種名などが出ても正解とします。子どもの反応に応じて、より細かい分類に挑戦してみるのもよいでしょう。また、①で「打楽器であってドラム以外のもの」、④で「炭酸飲料であってコーラ以外のもの」などを自由に挙げさせ、より広い発想をうながすことも可能です。

詳しく述べた部分とまとめた部分
—具体・抽象の理解①

年　　組　名前

例題 具体と抽象の関係になるように、文章中の空らんに入る適切な言葉を選択肢から選び、記号で答えましょう。

A 犬にもいろいろな種類がある。プードル・ダックスフンド・（　　　）などさまざまだ。

　ア 首輪　**イ** チワワ　**ウ** おすわり

B すしや天ぷら、うどんなどの（　　　）は海外でも人気がある。

　ア 健康食品　**イ** めん類　**ウ** 和食

C 夏に旬をむかえる野菜には、トマト・きゅうり・（　　　）などがある。

　ア なす　**イ** きのこ　**ウ** みかん

例題の解説

今回から数回に分けて、「具体と抽象」の関係について学習します。物事について詳しく述べた部分を「具体」、それらの共通点をまとめた内容を「抽象」と呼びます。「抽象」は「具体」の共通点を取り出してグループ名をつけたもの、と考えればよいでしょう。具体と抽象の関係を一つ一つの言葉ごとにとらえる時、具体的な内容を表す言葉を下位語、より抽象的な内容を表す言葉を上位語と呼びます。具体と抽象、下位語と上位語は、おたがいの言葉どうしの関係によって変わります。

A—イ　B—ウ　C—ア

練習問題 上位語（抽象）⇔下位語（具体）の関係に合うように、（　　　）に入る言葉を考えましょう。答えは一つとは限りません。

① （　　　）⇔　打楽器　⇔　ドラム
② 海の生き物　⇔（　　　）⇔　サバ
③ 乗り物　⇔　車　⇔（　　　）
④ （　　　）⇔　炭酸飲料　⇔　コーラ
⑤ 世界　⇔（　　　）⇔　日本

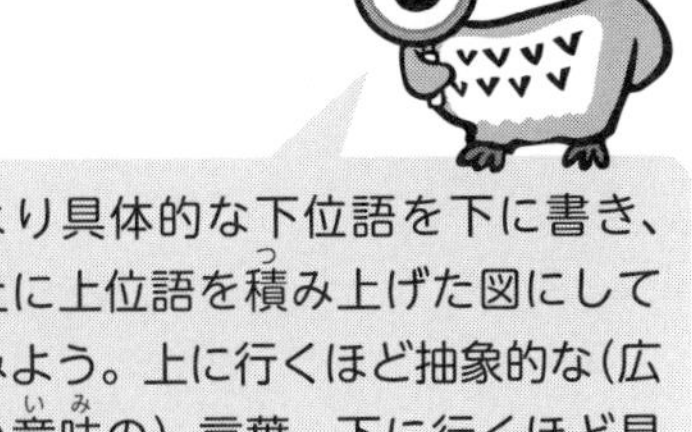

より具体的な下位語を下に書き、上に上位語を積み上げた図にしてみよう。上に行くほど抽象的な（広い意味の）言葉、下に行くほど具体的な（狭い意味の）言葉になるよ。図にする時に上下を間違えないようにしよう。

答え　①　　　②
③　　　④
⑤

具体・抽象を「図」で表す―具体・抽象の理解②

どうやって教えるの？

具体と抽象の関係について、視覚的にとらえやすい形にして理解を促すことが有効です。以下に具体と抽象を図示して指導する際のポイントを２点に分けて記述します。

①上位語（抽象）・下位語（具体）の関係で同じ位置に属するものの水平位置をそろえる。

同じ水平位置に入るものは質的にそろっていることが大切です。図は定規などを使って厳密に書く必要はありませんが、上下の関係性を表すものですから、水平位置はそろえるよう注意しましょう。

②矢印で関係性を示す。

〈文章中の具体と抽象の関係を図示した例〉

【文章例】

家電製品にも様々な分類がありますが、私たちに身近なものとして、生活家電、情報家電、通信家電などが挙げられます。生活家電としては冷蔵庫やエアコン、情報家電としてはパソコンやタブレット、そして通信家電としてはスマートフォンやモバイルバッテリーなどがよく知られています。

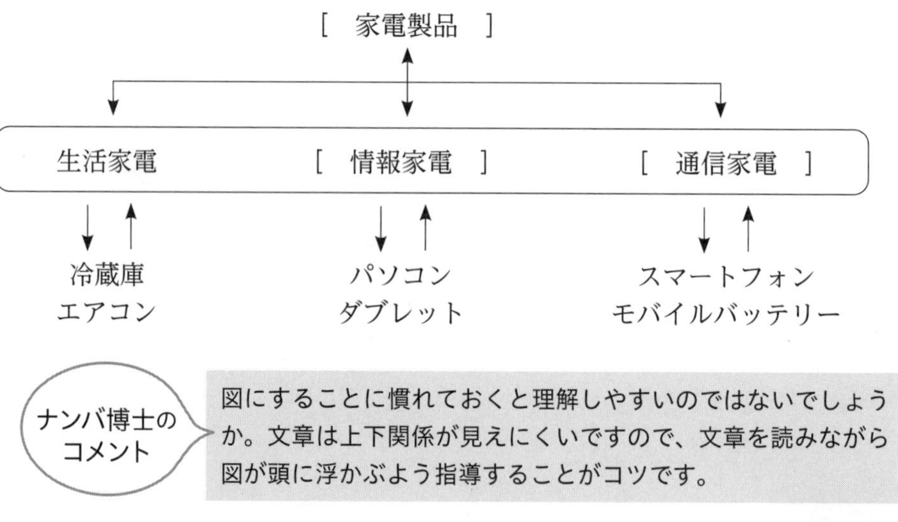

練習問題、解説します！

今回は具体と抽象の関係を図示してとらえやすくする練習がテーマです。文章に書かれた内容を図示することによって、それぞれの関係性がとらえやすくなります。文章と図が対応していることを確認しながら丁寧に空らんを埋めていきましょう。

具体・抽象を「図」で表す―具体・抽象の理解②

年　　組　名前

例題 次の文章を読んで、図中の①～③に入る言葉を答えましょう。

星の並びを意味のある形にたとえたものを星座と呼び、主に六月から八月にかけて夜に見やすい位置にのぼる星座を夏の星座、主に十二月から二月にかけて夜に見やすい位置にのぼる星座を冬の星座といいます。夏の星座として有名なものにはわし座、こと座、はくちょう座があり、冬の星座として有名なものにオリオン座、おおいぬ座、こいぬ座があります。

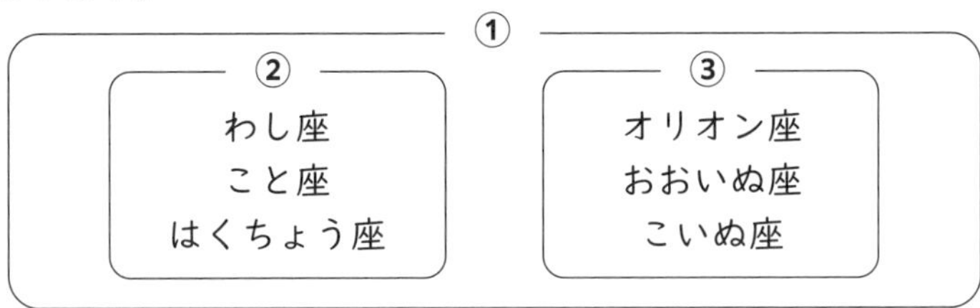

例題の解説 「わし座・こと座・はくちょう座」に共通する内容を②に、「オリオン座・おおいぬ座・こいぬ座」に共通する内容を③に入れ、さらに②と③をまとめた内容を①に入れましょう。

答え
① ― 星座
② ― 夏の星座
③ ― 冬の星座

練習問題 次の文章を読んで、図中の空らんに入る言葉を答えましょう。

『走れメロス』は小説、『徒然草』は随筆、『わたしと小鳥とすずと』は詩と呼ばれる文章のジャンルです。ひとくちに文芸作品といっても、いろいろな種類があるのです。

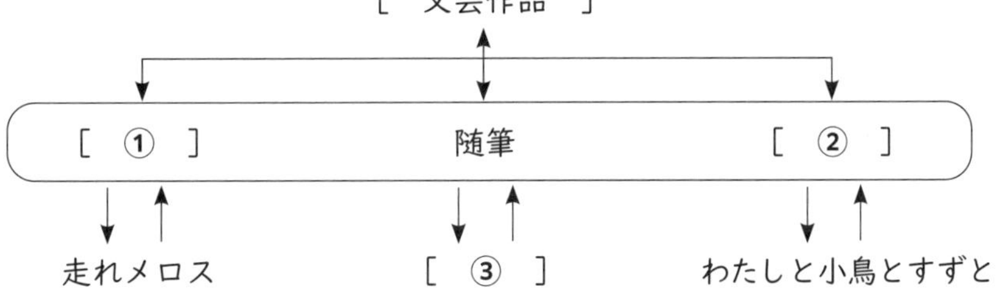

文章だけ、図だけを見るのではなく、文章と図とを同時に見ていこう。そして、文章を読みながら図に当てはまる言葉を書いたら、今度は文章だけを読んで、図が思い浮かぶかどうか試してみよう！

答え
①
②
③

文章中の「具体・抽象」を読み取る―具体・抽象の理解③

どうやって教えるの?

具体と抽象の関係は、単語単位だけではなく文章構造の中にも現れます。順序を表す言葉と同じように、具体や抽象の目印となる言葉がある場合とない場合があります。ここでは、具体の目印として「たとえば」、抽象の目印として「このように／つまり」が出てくる文を使って、文章構造の中で具体と抽象を見つける練習をしていきます。

①まず、抽象内容→「たとえば」、具体内容という形を確認します。具体内容は複数出てくることがあります。子どもが具体例を複数思いつけそうな抽象内容を最初に提示し、自由に発言してもらうとよいでしょう。

②次に、具体内容→「このように／つまり」抽象内容という形を確認します。この場合も具体内容は複数出てくることがあります。具体例を一つずつ挙げながら「出てきたものすべてに共通する内容は何でしょう？」というクイズ形式にしても楽しめます。

具体的な内容が書かれている部分が先に出てきた時はその後に共通点をまとめた抽象的な部分が出てくることを意識し、先に抽象的な内容が出てきた場合にはその後に具体例の部分が続くことを意識しながら読み進められるようになると、「具体例の必要性」が見えてきます。筆者の主張は抽象の部分にありますが、具体例は筆者が「その例を挙げることで抽象内容がより読者に伝わりやすくなる」と意図して挙げているものですから、主張を補強する大切な部分です。子どもにとって意識しやすい具体例が出てきたときにはその前後のどの部分で共通点がまとめられているかを確認し、筆者の主張の核心に迫ることが大切です。

ナンバ博士のコメント

文章中の具体抽象関係をつかむことで、飛躍的に読解力が伸びます。そのためには、接続語に注意することと、語彙の上下関係に留意させることが大切です。

「たとえば」という具体の目印、「このように／つまり」という抽象の目印に注目して、抽象内容・具体内容を見つけましょう。①あまい食べ物が好き（抽象）→毎日のようにプリンを食べている（具体）、②「ピアノが弾ける」「ドラムがたたける」「歌が得意」（具体）→音楽の能力が高い（抽象）、③外国のお話（抽象）→「シンデレラ」「三匹の子ぶた」（具体）、④「群馬県前橋市」「香川県高松市」「沖縄県那覇市」（具体）→都道府県名と県庁所在都市名が異なっている都道府県がある（抽象）、⑤アメリカやイギリス（具体）→主に英語が使われている国（抽象）という関係になっています。

文章中の「具体・抽象」を読み取る
―具体・抽象の理解③

年　　組　名前

例題 次の文の「抽象」部分に引かれた＿＿線と、「具体」部分を囲んだ（　　　）を確認してなぞりましょう。

水は、温度に合わせてさまざまにその形を変えます。たとえば（0度以下では氷という固体）になりますし、（100度以上になると水蒸気という気体）になります。また、（0度と100度の間の温度では水という液体）の状態を保ちます。

例題の解説
「たとえば」という目印に注目すると、その前に抽象内容が出てきていることがわかります。また、「たとえば」の後には抽象内容にあてはまる具体的な例がいくつか出てくることも予想されます。この文では「温度→さまざまな形」という抽象内容に対して「0度以下→氷という固体」「100度以上→水蒸気という気体」「0度と100度の間→水という液体」という形で、三つの具体例が示されています。

練習問題 次の文の「抽象」部分に＿＿線を引き、「具体」部分を（　　　）で囲みましょう。

①兄は食べることが大好きだが、特にあまい食べ物が好きだ。たとえば、ここ最近は毎日のようにプリンを食べている。

②姉はピアノでいろいろな曲を弾ける。ドラムをたたくのも上手だ。さらに、歌うのも得意だ。つまり、音楽の能力が高いのだ。

③私が小さいころ、父はねる前によく外国のお話を読み聞かせしてくれた。そのお話とは、たとえばシンデレラや三匹の子ぶたなどだ。

④群馬県の県庁所在都市は前橋市で、香川県の県庁所在都市は高松市、沖縄県の県庁所在都市は那覇市だ。このように、日本のいくつかの都道府県では都道府県名と県庁所在都市名が異なっている。

⑤たとえばアメリカやイギリスのように、主に英語が使われている国に行ってその国の人たちといろんなことを話してみたい。

複雑な文章も、図にすればわかりやすくなるよ。図にして、上下関係か、同じレベルかを考えよう。たとえば、や、つまり、といった言葉も手がかりになるけれど、ないときもあるので、図示することを習慣にしよう。

文章のつながりから「具体・抽象」を読み取る
—具体・抽象の理解④

どうやって教えるの？

実際の文章では、抽象内容の前に「つまり／このように」、具体内容の前に「たとえば」という目印が常に書かれているわけではありません。そのような場合でも、抽象→複数の具体例、あるいは複数の具体例→抽象、という形で展開される論が多いことを意識し、抽象部分に筆者の伝えたい主題があることを子どもにつかませます。内容を思い浮かべやすいという特徴から具体例に意識を引っ張られる場合がありますが、筆者は具体例そのものを読者に紹介したいわけではなく、あくまでそれをふまえてより抽象的な内容を理解してもらうための道具として使っていることを子どもにつかませましょう。「具体例によって受け止めやすくなる抽象内容」「抽象内容を理解しやすくするための具体例」という関係性を常に意識して読み進めることが大切です。先に抽象内容が出てきた場合には「このことをどんな具体例を使ってわかりやすくするのかな」、先に具体例が出てきた場合には「この例からどんな共通点をぬき出してまとめているかな」ということを予測しながら文章の先を読む習慣をつけていきましょう。予測が当たっていても外れてしまっても、そのことが筆者の伝えたいことは何かを自分から探そうとする姿勢につながり、文章に対して積極的に参加することにつながります。「具体例はその前後で説明された抽象的な内容のヒントになっている」ということ、「抽象内容が筆者の言いたいことに直接つながっている」ということを意識して、文章に相づちを打ちながら書いた人の話を目の前で直接聞いているかのように文章に入りこむ感覚が持てるとよいですね。

難解な文章は、具体抽象関係が明示されていません。そのため、出てくる言葉が上下関係なのか同レベルなのかを見極めることがコツです。

練習問題、解説します！

今回の文章は、最初に主題（抽象）が示され、それに具体例が続く形になっています。「アメーバやゾウリムシのような動物性のもの」「ケイソウやミカヅキモのような植物性のもの」「動物性、植物性両方の性質をあわせもったもの」と複数示されている具体例がどれも「体が一つの細胞だけでできている単細胞生物が多く存在する」という主題にあてはまる内容であることをおさえましょう。「しかし、生」から始まる二文目が主題を表しています。本文中で紹介されたもの以外の単細胞生物の例は、ウの文に出てくる「納豆菌」です。これも「体が一つの細胞だけでできている」という点が、他の単細胞生物と共通しています。

文章のつながりから「具体・抽象」を読み取る
―具体・抽象の理解④

年　　組　名前

例題　次の文を読み、主題（抽象）の役割をしている部分に引かれた＿＿線と、具体例にあたる内容を囲んだ（　　　）を確認してなぞりましょう。また、文章内のもの以外で主題にあてはまる具体例を考えて答えましょう。

（テスト前で勉強をしなければならない時に限って、部屋のそうじをしたくなることがある。）（同じくテスト前にいつもはしたくないお手伝いを進んでしようかなという気になることもある。）人間は、自分を守るために事前に言い訳を用意したがるものなのだ。

例題の解説　具体例は主題（抽象）の役割をしている部分の内容にふくまれるもので、同じような質のものがいくつか並んでいる場合があります。抽象（具体の共通点をまとめた内容）と具体（思いうかべやすい一つ一つの例）の関係を意識してそれぞれの内容を見つけましょう。筆者が文章を通じて読者に伝えたい主題は、抽象部分にまとめられています。

練習問題　次の文章を読んで、後の問いに答えましょう。

人間の体は多くの細胞からできており、多細胞生物と呼ばれる。しかし、生物の中には体が一つの細胞だけでできている単細胞生物も多く存在する。アメーバやゾウリムシのように動物性のものや、ケイソウやミカヅキモのように植物性のもの、また両方の性質をあわせ持ったものなどがいる。

①文章中で、主題（抽象）の役割をしている文をぬき出し、最初の五字を答えなさい。

②この文章の抽象内容に対応した具体例としてふさわしいものを次から選び、記号で答えなさい。

ア 単細胞生物は細胞が一つしかないので、体を大きくすることが難しい。
イ たった一つの細胞だけで、あらゆる生命活動を行うのである。
ウ 食品加工でなじみのある納豆菌など、細菌も単細胞生物の一種である。
エ 体は小さいものの、ミジンコは多細胞生物の一種である。

まず「多細胞生物」といった、文章中の言葉に○をつけてみよう。そして、○がついた言葉を図にしてみよう。「多細胞生物」は「単細胞生物」よりも上または下、それとも同じレベルだろうか。動物性は？　ゾウリムシは？

筆者が伝えたいことを要約する―要旨の読解

どうやって教えるの？

「具体と抽象」の知識をもとにして文章の筆者が読者に伝えたいと思っている主題をつかみ、文章の要点を短くまとめることを「要約」といいます。単純に抽象内容にあたる部分をつなぐだけでは意味のある文のまとまりになりません。同じ内容の重複はさけ、主題を補強する部分である具体例や事実と筆者の意見をわけて、意見の部分が主体となるようにして全体を構成します。

要約を指導するうえでのポイントを４点に分けて以下に示します。

①文章全体をよく読む。

②段落ごとに、抽象と具体の関係を意識しながら筆者の意見が表れているところを見つけ出す。「～はずだ」「～べきだ」「～にちがいない」「～しなければならない」など、意見が表れやすい文末表現にも注意する。まとめる際に見つけやすくなるように筆者の意見が書かれた部分に印をつけておく。

③　②で印がついた部分をたどりながら、全体の流れをおさえる。要約の文をいきなり書き始めるのではなく、意見の部分を流れにそってつなぎながら全体の方向性が見えてから文を書くように心がける。

④筆者の言いたいことが最もよく表れている部分を文末に置き、同じ内容のくり返しを一つにまとめたり、言い換えたりして、制限字数などの条件に合った形にまとめる。

要約に入れるべき内容は文章によって大きく異なります。したがって、どのような文章も同じ字数で要約することを目指すよりは、必要に応じて字数を増減しながら筆者の意見をうまくまとめるようにしていきましょう。

ナンバ博士のコメント

具体には筆者の主張も主題もありません。このことを知るだけでも読解力は飛躍的に伸びます。文章中の具体抽象関係を頭に想定する練習が特におすすめです。

練習問題、解説します！

Ｄの文末にある「～はずだ」という表現に注目します。日本人の性格を「はずかしがりで大人しい」とひとまとめに表現することをとりあげ、筆者の知る範囲でそれにあてはまらない人を具体例として挙げています。これを根拠にして、Ｄで意見をまとめている形です。以上のことから、Ｄを解答の終わりの部分に配置して「一人一人はちがう人間なので、集団が大きくなるほど一言でその性質を表すのは難しくなるはずだ。(四十五字)」という形で筆者の意見を要約することができます。

筆者が伝えたいことを要約する―要旨の読解

年　　組　名前

例題　次の文を読んで、筆者の言いたいことが最も よく表れていると考えられる部分を記号で答えましょう。

Aうそをついてはいけません、と大人は言う。B実害が出るようなうそは確かに良くない。でも、真実を伝えることはいつでも正しいと言い切れるのだろうか。C実害が出ないという前提で、人の気持ちを落ち着かせたり前向きにさせたりするためにつくうそが許される場合もあるのではないだろうか。Dたとえば、なかなか逆上がりが上達しない友人を「もう少しでできそうだよ」とはげます場合を考えてみたい。これは厳密に言えばうそかもしれないが、実害をあたえるわけではなく、やる気を引き出すことにつながる。こういううそなら、そんなに悪く言われなくてもいいのにな、と思う。

例題の解説　筆者の言いたいこと（主題）は抽象部分にまとめられています。具体例も大事な内容ですが、あくまで主題を補強するものであることに注意しましょう。

答え　A

練習問題　次の文を読んで、次の問いに答えましょう。

1 A日本人ははずかしがりで大人しいとよく言われる。でも、本当にそうだろうか？
2 B私にはそうは思えない。たとえば、C私の兄は大変に社交的で、初対面の人と二人きりになっても平気で一時間くらい話していられる。友人にも、はずかしがりでもなければ大人しくもない人が何人もいる。
3 一人一人はちがう人間なのだが、C多少の差異をとりはらってひとまとめに表現するとわかりやすい気がしてしまうものだと思う。
4 でも、D集団が大きくなるほど一言でその性質を表すのは難しくなるはずだ。

①筆者の言いたいことが最もよく表れていると考えられる部分を記号で答えましょう。

答え

②文章全体を五十字以内で要約しましょう。

書いている事柄に○をつけながら、具体抽象の関係を考えよう。具体的なところは「何について詳しく述べている」かな？

「違い」に注目して“図”をつくる―対比の読解①

どうやって教えるの？

文章でメインとなる事柄を際立たせるために、敢えて対比する事柄を持ち出すことがよくあります。対比関係の指標となる表現は様々ですが、主たるものとしては「～であるのに対し、～」「～である一方、～」「～とは異なり、～」などで表します。しかし、このような表現を文中に見出すことを子どもたちにトレーニングするのではなく、「何」と「何」が対比関係（対立関係）にあるのかを理解させるよう説明することが大切です。また、以下の練習問題の解説で示すような簡単な図を用いて、その違いをメモさせていきましょう。

ナンバ博士のコメント

対比のポイントは、共通の観点は何かを意識することです。例題ではわかりにくいですが、練習問題では「言語」が観点であることがわかります。

練習問題、解説します！

それでは、練習問題②を取り上げてみましょう。子どもたちにまず問いかけるべきは、対比関係にある二つのものは何かということです。これはさほど難しくはありません。「日本語」と「英語」です。その上で、「日本語」と「英語」を下の図の最上段の《　　》に書き込みます。次に、両者の違い（差異）はどこにあるのかを子どもたちに答えさせましょう。練習問題①とは異なり、その差異が順序通りに並べられているわけではないので、ここはちょっとした注意が必要です。それぞれの違いは、（日本語）「主語がはぶかれることが多い」⇔（英語）「主語が明記されることが多い」、（日本語）「結論は後回しにすることを好む」⇔（英語）「まず結論を持ってくることを好む」、となります。

《　日本語　》	《　英語　》
主語がはぶかれることが多い。	主語が明記されることが多い。
結論は後回しにすることを好む。	まず結論を持ってくることを好む。

上記の図を板書して、子どもたちにノートに写させましょう。

また、子どもたちの身近にあるもの（たとえば、文房具など）の同じ用途のものを二つ取り出させ、両者の違いを図にまとめさせるようなトレーニングをすると効果的です。あるいは、「〇〇先生（自分）と〇〇先生の違いは？」などと問いかけて作業をさせたりすると、普段親近感を持つ人の比較となり、子どもたちは楽しんで図を作るようになるかもしれません。

「違い」に注目して“図”をつくる—対比の読解①

年　　組　名前

例題　次の文を読んで、二つのある事柄の「違い」に注目して図にして答えましょう。

二人はきょうだいだが、彼女は勤勉なだけでなく思いやりがあるので、周囲から好かれているのに対して、彼は不真面目で身勝手であるため、周囲からきらわれている。

例題の解説

「彼女」と「彼」の違いが明確に書かれていますね。その「違い」を以下のように図示してみましょう。

《　彼女　》		《　彼　》
勤勉である。	←→	不真面目である。
思いやりがある。	←→	身勝手である。
周囲から好かれている。	←→	周囲からきらわれている。

練習問題　次の文を読んで、二つのある事柄の「違い」に注目して図にして答えましょう。図は上の例題の解説内に描かれているものをまねしてみましょう。

①マナーは、みんなが快適に過ごすことを目的にしたちょっとした工夫のことで、エチケットは特定の個人が気持ちよく過ごせることを目的にしたちょっとした思いやりのことである。

②日本語は主語がはぶかれることが多く、結論は後回しにすることを好むとされているが、英語はまず結論を持ってくることを好み、主語が明記されることが多い。これをもってしても、日本語より英語のほうが自己主張の強い言語といえそうだ。

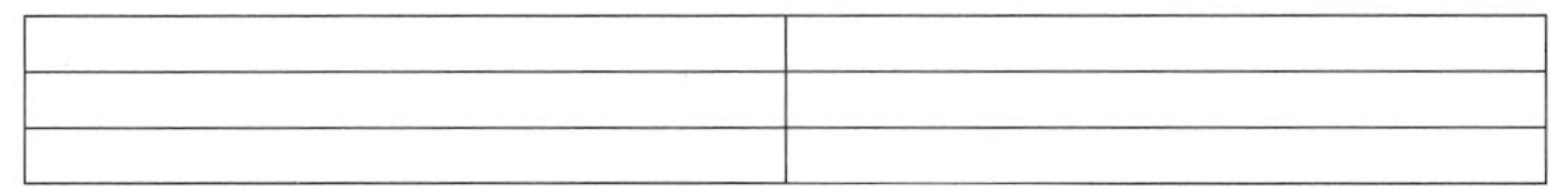

③自然を「保全」するか「保存」するか。前者は自然の中から余ったものを取り出して人間が使うことであり、後者は自然の中すべてのものをそのままにして、人間があえて放置することである。

練習問題の①は「いいこと」、②は「言語」③は「守ること」が共通のこと。共通のことの上にたって、それぞれの何が違うかを見つけよう。語レベルでの対比よりも、意味の対比を考えよう。

何と何が「言い換え」か読み取る—対比の読解②

どうやって教えるの？

今回は「対比」を利用してあることばが別の表現に言い換えられているところを見出すトレーニングです。

たとえば、次の文章をみてみましょう。

（例）そこに花がある、というのは客観的な事実ですが、その花を美しいかどうか判断するのはわたしたちの主観です。美とは独立して存在するものではありません。

短い文章ですが、ここには対比、そして表現の言い換えが存在します。

まず、「花がある」（客観的な事実）⇔「花が美しい」（主観）という対比があり、ここに目を向けることで、「客観的な事実」→「独立して存在するもの」という言い換えが成り立つことに気づきましょう。

この点について簡単に図示します。

A⇔B⇔C →A=C

AとB、BとCが対比関係にある場合、AとCは互いに同じ意味内容になる場合が多いのです。

ナンバ博士のコメント

言い換えは、読解力を高めるコツです。対比の対比は言い換え、「そんな」などの指示語、「つまり」などの接続語を意識させましょう。

練習問題、解説します！

それでは、練習問題④の解説ポイントについて説明します。

子どもたちにはまず対比されている（対立関係にある）ものを回答させるとよいでしょう。この場合、「ネガティブ」⇔「楽観的／前向きな姿勢」、そして、「楽観的／前向きな姿勢」⇔「後ろ向きな姿勢」です。

これを次のように板書してみましょう。

ネガティブ（A）⇔楽観的／前向きな姿勢（B）⇔後ろ向きな姿勢（C）

上の「教員の指導ポイント」で示した図のように、A=Cであることを丁寧に説明して、子どもたちの理解を促したいものです。

A⇔B⇔Cの構成の文章を子どもたちに作成させて、それを発表させるのも手です。

何と何が「言い換え」か読み取る—対比の読解②

年　組　名前

例題 次の文を読んで、「真面目」が言いかえられているところの線を確認してなぞりましょう。

田中くんは真面目であるのに対して、岡本くんは無責任である。岡本くんには心をあらためてもっと誠実な人になってほしいと思う。

例題の解説
「田中くん」（真面目）⇔「岡本くん」（無責任）という対比が認められ、さらに、いまの岡本くんの姿をあらためて、「無責任」な性格から「誠実」な人になってほしいといっているのです。ここから「真面目」は「誠実」に言いかえられていることがわかります。

練習問題 次の各文の—部の語の言いかえられている表現を抜き出して答えましょう。

①わたしはアイドルが好きだが、妹は手芸が好きだ。わたしはそんな地味なことにはなかなか打ちこめない。

②わたしは皮肉を言われてもなかなか気づかないのに対し、彼女は皮肉を言われるとすぐに怒る。そんな彼女にくらべてわたしは読解力がないのだろう。

③わたしは道徳の授業を熱心に聞いていたが、弟はそうではなかったようだ。わたしが弟よりも社会のルールを守ることを大切にしているのはそれが原因だろう。

④ぼくは物事を何でもネガティブに考えてしまう。一方で、母親は楽観的というか、ちょっとしたトラブルがあっても前向きな姿勢で対処している。ぼくは後ろ向きな姿勢を変えて、母のようになりたいと強く思う。

答え
①
②
③
④

練習問題①では「そんな」がどこを指しているかを意識しよう。②はわたしと彼女、③はわたしと弟、④はぼくと母との対比に注意し、また、対比の対比は言い換えかもしれないことを意識しよう。

接続語に注目して主張・具体例を見分ける
―主張・具体例の読解①

どうやって教えるの？

今回は子どもたちに文中の接続語に着目させて、「筆者の主張」とそれを説明する「具体例」を区分けするトレーニングをおこないます。「具体例」は「筆者の主張を説明するもの」と言いましたが、その説明だけでは不十分です。簡単な文章を創作して「具体例」を以下のように位置づけて、子どもたちに指導しましょう。

「具体例」……「筆者の主張」を細かく説明するとともに、その「主張」に説得性を与えるもの（強調するもの）。

一例を挙げると、「世界は平和がよい」という主張を何度繰り返しても、その主張に説得力はありません。そこに「世界の子ども労働問題」や「世界の飢餓問題」、「世界の紛争問題」などの具体例を詳しく付け加えてやることではじめて「世界は平和がよい」という主張が強調されるのです。

さて、具体例を挙げる役割を持つ代表的な接続語は「たとえば」です。加えて、複数の具体例をつなぐ役割を果たす接続語は「また」「そして」「さらに」などです。その具体例をまとめる「つまり」「すなわち」「このように」といった接続語によって、筆者の主張を形を変えて再び登場させることがよくあります。

子どもたちには「筆者の主張」に線を引き、「具体例」に相当する部分に（　　）を付けさせるとよいでしょう。

ナンバ博士のコメント

主張は「～と思う」などの文末がほとんどないことを意識させましょう。「強く言いたいこと」が主張、「主張をなるほどと思わせること」が具体例です。

練習問題、解説します！

練習問題は「筆者の主張①」→「具体例①」→「具体例②」→「筆者の主張②」という構成で成り立っていて、それを見抜くための接続語が「たとえば」、「また」、「つまり」の３語であることを説明しましょう。

子どもたちに補足説明をするのであれば、「筆者の主張①」の言い換えが「筆者の主張②」になっている点です。わざわざ言い換えるのであれば、「より分かりやすく」するのが当然です。すなわち、「筆者の主張①」よりも「筆者の主張②」のほうがより強い主張（筆者が声を大にして言いたいこと）になっていることに言及してほしいと思います。

接続語に注目して主張・具体例を見分ける
—主張・具体例の読解①

年　　組　名前

例題 次の文章を読んで、「筆者の主張」に線と、「具体例」の（　　　）を確認してなぞりましょう。

わたしには訪れたい国がある。たとえば、（マレーシアやベトナム、タイなどの東南アジア）、そして、（オーストラリアやニュージーランドなどのオセアニア）だ。

例題の解説

「たとえば」に着目すると具体例はすぐに見つけられます。「マレーシア～東南アジア」、「オーストラリア～オセアニアだ」にそれぞれ（　　　）を付けましょう。その間の「そして」があることで具体例をもうひとつ付け加えていることが分かります。具体例に挙げられたこれらの国に共通しているのは、「わたしが訪れたい国」ですね。よって、筆者の主張は「わたしには訪れたい国がある」になり、そこに線を引きます。

練習問題 次の文章を読んで、「筆者の主張」に線を引き、「具体例」には（　　　）を付けて示しましょう。

何冊かの本は、わたしの人生の転機をあたえてくれた。たとえば、小学校３年生のときに読んだ『ドリトル先生アフリカゆき』である。ドリトル先生の勇気ある行動に感動した。また、小学校５年生のときに一気に読み通した『生き物の死にざま』だ。生き物はそれぞれの世界を生きていることを感じさせられた。つまり、これらの本がわたしに獣医になりたいという夢を与えてくれたのだ。

まず筆者の主張（強く言いたいこと）を見抜くことが大切。練習問題ならば、「獣医になりたい」だよね。これと似たような言い換えがあることに気づこう。具体例はこれらの主張を「なるほど」と思わせてくれるものだよ。

接続語がない文章の主張・具体例を見分ける
—主張・具体例の読解②

前回は、子どもたちに「たとえば」、「また」、「このように」、「つまり」といった接続語に目を留めさせて、「筆者の主張」と「具体例」を区分するトレーニングをおこなってもらいました。

今回はこれらの接続語が使用されていない文章を題材に、「筆者の主張」と「具体例」を見分ける練習をさせていきます。接続語といったヒントがないため、それぞれの特徴をじっくりと説明してやってください。

どうやって教えるの？

「筆者の主張」……筆者が声を大にして読者に伝えたいこと。その部分だけを読むと、感情や概念といった抽象的（あいまい）なものになることが多い。

「具体例」……「筆者の主張」を強めるための細かな説明。具体的な表現が使われることが多い。なお、「具体的」とは「その部分を読むと頭の中でイメージできるようなもの」を意味する。

指導の一案としては、何らかの「主張」を教員側が板書して、それの具体例を子どもたちにどんどん発言させて、それらを板書していくという手法です。この試みによって、上述した「筆者の主張」と「具体例」の役割についてごく自然と子どもたちが理解できるようになります。

ナンバ博士のコメント

接続語がないからこそ、「たとえば」「だから」といった接続語を頭に思い浮かべながら文章を読む習慣を身に付けさせましょう。

練習問題、解説します！

練習問題の文章で具体的な単語は何かを子どもたちに見つけてもらいましょう。「ゴリラ」と「シジュウカラ」になります。それでは、この二種類の生き物それぞれの説明が具体例に相当します。1つ目の具体例は「ゴリラ」に関するもので、「ゴリラはエサを」～「鳴き声があるとされている。」までであり、「人間と同じ哺乳類であるゴリラだけではない」がもう1つの具体例提示の予告をおこなう働きを持ち、「小さな鳥であるシジュウカラは」～「鳴き声があるらしい。」までが2つ目の具体例に当たります。そして、残りの部分、すなわち、最初の文「意外に思うかもしれないが、動物たちは言語を持っているらしい」と最後の文「動物たちはわたしたち同様、会話を可能にする言語を持っているといえるのだ」が「筆者の主張」となり、前者をわかりやすく言い換えたものが後者となるのです。

接続語がない文章の主張・具体例を見分ける
—主張・具体例の読解②

年　　組　名前

例題 次の文章を読んで、「筆者の主張」の線と、「具体例」の（　　　）を確認してなぞりましょう。

（「結構です」、「ヤバい」……これらのことばって複数の意味があるのがわかるでしょうか。前者は「よいですね」と「お断りします」、後者は「とてもよい」と「とても悪い」という意味があるのです。ともに正反対の意味となりますから、使い方次第によっては相手を困らせてしまいそうです。）日本語は他言語と比較してあいまいな言語と言われているのです。

例題の解説
「結構です」「ヤバい」……この２語は具体性を持った表現であり、これらのことばの説明がどこまでなされているかを見極める必要があります。そうです。「日本語は～」の直前までです。そう考えると、「『結構です』、『ヤバい』」～「困らせてしまいそうです」までを具体例と見なして（　　　）でくくってやりましょう。そして、最後の１文の「日本語は他言語と比較してあいまいな言語と言われているのです」が「筆者の主張」となります。「あいまいな言語」の代表例として「結構です」と「ヤバい」を挙げているのですね。

練習問題 次の文章を読んで、「筆者の主張」に線を引き、「具体例」には（　　　）を付けて示しましょう。

意外に思うかもしれないが、動物たちは言語を持っているらしい。ゴリラはエサを見つけたときに仲間たちとその喜びを共有したり、昔のことをなつかしんだりするときの独特な鳴き声があるとされている。人間と同じ哺乳類であるゴリラだけではない。小さな鳥であるシジュウカラは、仲間に危険がせまっていることを伝えたり、仲間たちを集めたりするときの鳴き声があるらしい。動物たちはわたしたち同様、会話を可能にする言語を持っているといえるのだ。

筆者が強く言いたいことをまず見ぬこう。例題なら「日本語はあいまいだ」のところ。文末が「～のです」となっていてもこれは主張だね。練習問題ならば、冒頭の文になるね。文の後ろに「たとえば」と入れてみるとわかるよ。

表現や接続語から主張・理由・具体例を見分ける

―主張・理由・具体例の読解①

前回、前々回と「筆者の主張」と「具体例」を区分けするトレーニングを子どもたちにおこなってもらいましたが、今回はこれらに加えて、「理由」に相当する部分も見つけ出す作業をさせていきます。

子どもたちにはここで前々回の復習、つまり、接続語に着目するやり方を説明しましょう。

どうやって教えるの？

「筆者の主張」……具体例の直後にある「つまり」、「すなわち」、「このように」などの言い換えの働きのある接続語のうしろから書かれることが多い。

「具体例」……「たとえば」という接続語のうしろから書き出すことが多く、「また」、「そして」、「さらに」などの接続語で具体例を複数登場させることもある。

接続語だけでなく、「一例を挙げると」、「次の話に目を向けよう」といった表現が具体例の提示の役割を果たすことがありますし、「そう考えていくと」「これらをまとめていこう」といった表現が筆者の意見を登場させる役割となることもあるのです。

今回新たに扱う「理由」も同様です。理由を提示する代表的な接続語は「なぜなら」ですが、「その理由としては」、「どうしてこのような結果になるのだろうか」、「そうなる秘密はまさに次に挙げる事柄だ」などといった表現が「なぜなら」に相当するのです。

頭の中で「たとえば」「だから」「つまり」「なぜなら」といった接続語を思い浮かべる練習をさせます。それによって結びつきが適切か考えさせましょう。

練習問題、解説します！

ここでは練習問題②を取り上げてそのポイントを解説します。

まずは、子どもたちにそれぞれの文が「筆者の主張」「理由」「具体例」のどれに相当するかを回答させて、板書するとよいでしょう。

（　　）。なぜなら、～～～きたからだ。たとえば、（～～～持っている。）

筆者の主張　　理由　　具体例

さて、理由の文中にある「その場所」は「近所の人たちのくつろぎの場」であることに目を留めましょう。（　　）の中にはそれに相当する表現が入ります。また、具体例に目を移すと、その場所は子どもたちがのびのびと遊べる場所であることがわかります。これらを総合して（　　）に入るであろう記号を選ばせることが必要です。

表現や接続語から主張・理由・具体例を見分ける―主張・理由・具体例の読解①

年　　組　名前

例題

次の文章を読んで、「筆者の主張」の＿＿線、「理由」に当たる部分の＿＿線、「具体例」の（　　）を確認してなぞりましょう。

コロナウイルスが問題になってから、友人たちとのやり取りに苦労することがある。多くの人たちがマスクをしているからだ。（こちらがお願いしたことに何もことばを発さずただ笑顔でいられると、それが「はい」なのか「いいえ」なのかが上半分の表情だけではうまく読み取れなくなってしまうからだ。）

例題の解説

冒頭の一文が「筆者の主張」、その直後の一文が主張に対する「理由」となります。マスクをしていることでやり取りに苦労することの「具体例」を第3文に挙げているのです。

練習問題

次の各文には「筆者の主張」「理由」「具体例」がさまざまな順序で示されています。（　　）に入るものとして正しいものをア～ウの中から選んで、記号で答えましょう。

①わたしは好きなスポーツは野球だ。なぜなら、（　　）。たとえば、この前みた高校野球の試合では最終回に３点差をひっくり返して勝利をつかんだチームがあった。

ア 敵も味方もみんな仲良く試合で戦うことができるからだ

イ 最後の回にドラマチックな結果が待っていることがあるからだ

ウ サッカーとちがい、間に休息の時間があるのでじっくり観戦できるからだ

②（　　）。なぜなら、その場所はこの近所の人たちがゆっくりくつろげる場でありつづけてきたからだ。たとえば、この地域に住む子どもたちはここで魚取りをしたり、サッカーをしたり、おにごっこをしたり……そんななつかしくすてきな思い出を持っている。

ア 都市開発で多くの樹木が切り落とされるようで、ぼくは悲しい

イ 団地が取りこわされて、大きなマンションに建てかわるのはいやだ

ウ わくわく公園が都市開発のえいきょうでマンションへと生まれ変わるのに反対だ

答え　①　　②

練習問題では、主張と具体例と理由がうまくつながるように考えないといけないよ。練習問題①では、アイウどれも第１文の主張にあてはまる理由になりそうだけど、最後の具体例を見ると、どれを理由にすればいいかわかるよ。

接続語がない文章の主張・理由・具体例を見分ける―主張・理由・具体例の読解②

どうやって教えるの？

前回は接続語という確かな「指標」が明示されている文章を扱い、その指標をヒントにして「筆者の主張」「理由」「具体例」を見出すトレーニングをおこないました。

そして、今回はそれらの指標がないものの、上記の３要素を見分ける練習を子どもたちにおこなわせましょう。

冷静に考えれば、「つまり」「なぜなら」「たとえば」のような接続語を使用して、主張や理由、具体例を示すほうがめずらしいのです。それでは、この３要素の性質を以下に列挙してみましょう。

「筆者の主張」……筆者が声を大にして読者に伝えたいこと。その部分だけを読むと、感情や概念といった抽象的（あいまい）なものになることが多い。

「理由」……何かがそのようになったわけ。「～から」で示されることが多い。

「具体例」……「筆者の主張」を強めるための細かな説明。具体的な表現が使われることが多い。なお、「具体的」とは「その部分を読むと頭の中でイメージできるようなもの」を意味する。

ナンバ博士のコメント

頭の中で「たとえば」「だから」「つまり」「なぜなら」といった接続語を思い浮かべながら、文と文との間がどう繋がっているかを意識させましょう。

練習問題、解説します！

練習問題は３つの文を正しい順序に直すというものです。

まずは、アを見ていきましょう。文末に「いえる」とあり、筆者の考えが強く出ていることが分かります。つまり、アが先頭にくることはないのですね。この指示語はそれまでのことをまとめる役割がありますので、この１文は「筆者の主張」となります。

イは「スマートフォン」という具体的な事物が登場している「具体例」となります。

最後のウは、イと同様に「スマートフォン」の具体例の一部であるとともに、文末が「～あるのですから」となっていますので、これはあるものに対する「理由」となっています。生まれながらにしてスマートフォンなどが身近にあるのですから、どうだと言っているのでしょうか。そうです。これはイの理由に相当するのですね。

よって、正解は「イ→ウ→ア」となります。

接続語がない文章の主張・理由・具体例を見分ける―主張・理由・具体例の読解②

年　　組　名前

例題

次の文章を読んで、「筆者の主張」＿＿線、「理由」に当たる部分の＿＿線、「具体例」の（　　）を確認してなぞりましょう。

（イヌイットたちはトナカイやアザラシ、サケなどの動物性の食物を主食にしている。北極圏は植物などほとんど育たない環境にあるからだ。）世界の中でこのような食生活を持った民族はめずらしい。

例題の解説

これはちょっと難しいかもれません。結論から言えば、具体例の中に理由も組みこまれているのです。「具体例」の中心は「イヌイット」です。このイヌイットの話は「～環境にあるからだ」までです。「からだ」という表現から２文目は具体例であるとともに、理由に相当します。そして、最後の３文目で具体例をまとめる筆者の主張が書かれています。

こう考えると、正解は以下のようになります。

（イヌイットたちはトナカイやアザラシ、サケなどの動物性の食物を主食にしている。北極圏は植物などほとんど育たない環境にあるからだ。）世界の中でこのような食生活を持った民族はめずらしい。

練習問題

次の３つの文は順序がばらばらです。具体例→理由→主張の順序に直しましょう。

ア 子どもたちは大人たちの想像もできない世界を生きているといえるのです。

イ 子どもたちが目の前にあるスマートフォンを説明書なしですいすいと短時間で使いこなすのはそんなに難しいことではありません。

ウ 彼ら彼女たちは生まれたときからスマートフォンなどのデジタル機器が身近にあるのですから。

答え　　　　→　　　→

主張は筆者の思いが強く出たところ、理由は筆者の主張の理由付けをしているところで冒頭に「なぜなら」が置けるところ、具体例は、主張を具体的に述べてなるほどと思わせるところで冒頭に「たとえば」と置けるところ、と考えよう。

意見と具体例の関係性―意見の因果関係①

どうやって教えるの?

自分の意見を誰かに伝えるときに、例えを使うとわかりやすくなります。例えのことを「具体例」ということや、具体的という言葉についてもこの章の共通言語としてわかるようにしておくと良いのではないでしょうか。

子どもたちも、日常の会話の中で「例えば」という言葉を自然に使っていると思います。例えを使って伝えるとどんないいことがある?などと聞いてみると導入しやすいでしょう。子どもたちからは、知っていることに例えてもらうと頭の中にイメージが浮かびやすくなる、言いたいことがもっと良く伝わる、というような答えを引き出します。

自分の意見を、説得力を持って伝えるために用いるのが具体例ですから、まず、自分の意見という柱があり、それを補強するというイメージを伝えるとよいでしょう。

具体例は、抽象的なことを詳しく述べたり、意見についての理由を述べたりします。現実だけでなく、想定される事柄や間接経験も具体例になっていきます。

練習問題、解説します!

具体例として事実に基づいた数字や固有名詞などを用いることで内容をわかりやすくすることができますが、ある物事についての自分の考えや判断である意見は、簡潔にまとめてある方が伝わりやすいと考えられます。

ここでは、伝えたいことと具体例の関係に慣れるために、具体例として挙がっているものを拾い出すということをしてもらいます。

具体例は自分の考えを補強することが目的ですから、必ずしもその内容が事実でなければいけないということはありません。

実際に自分の身に起こったことだけでなく、本やメディアから見聞きしたことや、もしもこうだったらという例え話も内容として使うことができます。

意見と具体例の関係性—意見の因果関係①

年　組　名前

例題　次のA～Cの文の中で、意見と具体例の関係になっているものはどれでしょうか。

A 風邪をひいてしまったら温かいものを食べた方がよい。温かいもので体をあたためることによって抵抗力が上がる。

B 今日は寝坊して遅刻した上に、階段で転んでしまった。泣きっ面にハチだ。

C 四季のある日本は季節ごとの楽しみがある。春にはお花見ができるし、冬は雪山でスキーができる。

例題の解説

Aは風邪をひいたときにこうした方が良いという意見に対して、そうするとどうなるかといった結果が書かれています、Bは起きた出来事について、ことわざを使って言い換えています。Cは日本は季節ごとに楽しみがあるという意見に対して、春と冬に具体的にどんなことができるかを書いています。答えはCになります。

答え

A — **意見：**風邪をひいたら温かいものを食べる　**具体例：**体をあたためることで抵抗力が上がる

B — **意見：**泣きっ面にハチ　**具体例：**寝坊して遅刻して、転んだ

C — **意見：**日本は季節ごとの楽しみがある　**具体例：**春の花見、冬の雪山スキー

練習問題　具体例として挙げられているものに下線を引きましょう。

①晴れている日は高いビルから遠くの景色まで見渡せる。隣の県の港や富士山まで見えることもある。

②緑黄色野菜とは色の濃い野菜のことだ。カボチャやニンジンなどが代表格で、ナスも色が濃いから仲間のように見えるが、断面が白いので淡色野菜にあたる。

③冬になるとこのあたりは雪国の魅力がたっぷりある。3メートルもの雪が積もり、生活は不便なこともあるが、庭園の雪景色も風情があるし、近郊のスキー場は観光地としてにぎわっている。

具体例を探すには、その直前に「たとえば」という語句を入れてうまくつながるかどうかで判断してみよう。

意見と具体例を書き分ける―意見の因果関係②

どうやって教えるの？

意見と具体例を書き分けるという意識は大切です。これらは並立するものではなく、あくまでも自分が一番伝えたい「意見」を他人に伝えるにあたり、説得力を高め、補強・補足することが目的だからです。常に、中心になる意見が何かをはっきりとさせることで、それを補強するために必要な具体例がどんなものかを考えやすくなります。

また、前提として意見と事実が異なるものであることも確認しておきましょう。意見は主観的なものなので、伝える側の価値観が入っています。子どもたちには価値観の違う相手によく意見が伝わるようにどんな具体例を挙げたらわかりやすいかを考えさせます。

具体例を考えるためには、まず抽象的な事柄を上位に置きます。そして、その下にくるものについて図示しながら、イメージさせたり調べさせたりすることがおすすめです。

練習問題、解説します！

意見文に対応する具体例を使った文を考える練習をします。「例えば」という言葉で始めることで、例を並べる文を作ってもらいます。具体例を並べるときは、それらが並立する同じレベルの言葉かを確かめましょう。子どもには、同じグループという言葉を使うと伝わりやすいです。

また、高学年であれば「具体」に対して、対義語としての「抽象」という概念も触れておくと良いでしょう。共通点、まとまりというイメージを持つことができれば十分です。

ナンバ博士の言う通り、以下のように図示してみせるとわかりやすいですね。

参考までに、具体例の種類には以下のようなものがあります。

①自分の経験
② 他の人から聞いたこと
③ 本やインターネットなどを使い、調べてわかったこと
④ 実験などをして出た結果
⑤ もしも、という仮定の話

意見と具体例を書き分ける—意見の因果関係②

年　　組　名前

例題　各文にふさわしい具体例を考えて書きましょう。

A 近年、異常気象が多く発生している。ここ何十年で経験したことのないような厳しい暑さや（　　）、暴風などが問題になっているとニュースで報道していた。

B 日本で多くの人に親しまれている昔話には、『（　　　）』や『浦島太郎』『花咲かじいさん』などがある。

C 動物園に行くと、（　　　　）、（　　　　）のような普段見られないような動物を見ることができる。

例題の解説

A　厳しい暑さ、暴風と並ぶ気象現象ですので、大雨や台風、寒波などが考えられます。
B　並んでいる例を見ると、カッコには昔話の題名が入るとわかります。桃太郎や一寸法師など、むかしむかしあるところに。と始まるような話を入れます。
C　動物園に行って見られる、普段見られない、この条件に当てはまるものを考えます。ゾウやキリンなどの大型の動物がイメージしやすかったのではないでしょうか。
言いたいことを分かりやすく伝えるためのものですから、相手が知っているだろうという一般的な例を選ぶことも大切です。

練習問題　各文の意見に具体例を使った文をつなげてみましょう。その際、「例えば」という言葉からはじめるようにしましょう。

A 日本には外国に誇る観光地がたくさんある。

B 食べ物の好き嫌いはないが、果物には目がない。

まず抽象的なことに○をつけ（A なら「日本には外国に誇る観光地」B なら「果物」）それの具体例としてどのようなものがあるかを並べてみよう。思いついたら、「例えば」に続けて文章にしてみよう。

意見と具体例に加える要素（原因・理由）
―意見の因果関係③

どうやって教えるの？

これまで、意見と具体例の関係や書き分け方を考えてきましたが、より説得力を持たせるための手段として、「原因・理由」を付け加えるというものがあります。具体例も原因・理由も、意見という軸を支えるためのものです。

客観的な事実を元にした理由を考えることができるようになるために、自分の意見を支える理由だけでなく、反対の立場ではどう考えるかなど、異なる立場からの理由を考えさせることも有効です。

１章の基本編で、「なぜなら」「～から」というつなぎ言葉の表現のフレームを使って書くことを紹介しましたが、ここでは実際に文を作ることで前後の因果関係に慣れさせることを目的とします。

ナンバ博士のコメント

理由は具体例と異なり、具体的な事実でなくてよいです。意見について「なぜなら」と続けば理由、その後で「たとえば」と続けば具体例となります。

練習問題、解説します！

意見文に対して理由を考える練習です。相手に反論をするつもりで、というと言葉が出てくる子どもも多いかもしれません。この問題の場合、賛成の立場であれば、「制服があるとどんな良いことがあるか」「ないとどんな不便なことがあるか」を考えさせます。以下のような解答が考えられるでしょう。

賛成の理由：学校の日と休みの日の切り替えができるから／制服がないと毎日、服選びをしなければならず時間がかかるから

反対の理由：自由であれば見た目で個性が出せるから／季節に合わせた温度調整が難しいから

個人的には制服がないほうがよいと思っていたとしても、このように課題として取り組ませることで複数の視点からの考え方を学びます。自分の意見を支える理由だけではなく、もう一つの意見をどうして支持しないのかということも考えさせてみましょう。

意見と具体例に加える要素（原因・理由）
―意見の因果関係③

年　　組　名前

例題 次の意見を述べた文に、「なぜなら」から始まる文をつなげましょう。

A 今日は家を出るときに傘を持っていくべきだ（　　　　　　　）。
B 子どもが小さいころからスマホを持つことには賛成だ（　　　　　　　）。

例題の解説

伝えたい意見に、「なぜなら」から始まる原因や理由を述べる一文を付け加える練習です。Aは傘を持っていくべきという意見を強める理由ですから、天気予報で雨予報だったから、空の色が灰色だったから、などの文が考えられます。Bは小さいころからスマホを持つメリットを考えて書けばよいでしょう。持っていれば一人で行動するときにも安心だから、などの理由が考えられます。
一つの意見に対して、賛成と反対、両方の立場から考えてみるのもよいでしょう。いろいろなものの見方や考え方への理解につながります。

練習問題 次の意見を述べた文に、賛成と反対の２つの立場で説得力のある理由を考えてみましょう。

意見文：学校には決められた制服があるべきだ。

賛成の場合は「制服があるべきだ。なぜなら～」反対の場合は「制服があるべきではない。なぜなら～」で続けよう。理由は、具体的なことより抽象的なことが説得力があるよ！「夏は暑い」よりも「気温の調節が難しい」としよう。

意見と具体例に加える要素（結論）―意見の因果関係④

どうやって教えるの？

意見を説得力をもって伝えるための方法として、具体例や理由を付け加えることをお話してきました。意見をただ繰り返すのではなく、こういった要素を加えることで文章に流れができてきます。そしてその流れの終着点といえるところが「結論」です。

こういった例や理由からこう考えます、と意見を支える要素をそろえることで、初めに提示した主張を説得力があるものとして伝えることができます。

子どもから見ると、意見と結論は同じことをもう一度言っているだけのように見えるかもしれませんが、具体例や理由があることによって補強された強い意見、というとイメージがつくのではないでしょうか。

結論は、具体例や理由を踏まえた、より具体的な主張と捉えさせましょう。具体例や理由を受けてバージョンアップした主張と考えるのです。

練習問題、解説します！

上の例題と同じく学校生活がイメージできる内容にしましたので、例題の書き方を踏まえて考えやすいのではと思います。具体例は主張を支えているということを意識して、結論の中に具体例の内容を理由として入れられると良いでしょう。

問題で書かれている主張の内容は、「そうじを当番制にすること」と「毎日当番の人がそうじをすること」です。

結論には、当番をあらかじめ決めておくことや、当番になったら必ずそうじをすること、みんなが教室で快適に過ごすためにそうじが必要といった要素が盛り込めていれば具体例の流れを汲んだものになります。

効果的な結論にするためには、伝えたい主張の内容の柱となるところをしっかりと認識しておくことが大切です。一言一句くり返すのではなく、違う言葉での「言いかえ」を意識するとよいでしょう。主張→具体例や理由→結論（主張の言いかえ）と、伝えたいことで具体例や理由をサンドイッチするようなイメージです。

主張 → 具体例や理由 → 結論（主張の言いかえ）

意見と具体例に加える要素（結論）
―意見の因果関係④

年　　組　名前

例題　次のような主張をするために、それぞれ具体例を３つ集めました。相手を納得させるための「結論」として一番良いものを選びましょう。

主張：学校の給食の時間を長くしてほしい。
○給食時間が足りないため、残してしまうクラスメイトが 30% いる。
○先生に聞いたところ、給食の時間を 10 分長く取っても問題はない。
○アンケートを取ると、過半数の人が「給食をもっと味わって食べたい」と回答した。

結論
ア 残飯を減らし給食をより味わって食べるために、給食時間を 10 分長くすべきだ。
イ 先生が給食時間を長くしても良いと言ったので、給食をゆっくりと食べて良い。
ウ みんな給食を味わって食べたいと言っているため、授業時間を削るべきだ。

例題の解説　主張と具体例をみて、結論を導く問題です。説得されている側の気持ちになって読んでみましょう。主張の要点は「給食の時間を長くすること」ですから、結論はそれにあったものでなければなりません。この場合はアがそれにあたります。

ア

練習問題　次の主張と３つの具体例から結論を書いてみましょう。

主張：教室のそうじは当番制にして、毎日当番の人がしたほうがよい
○生徒の自主性に任せるとそうじをさぼる人がいる
○快適に過ごすためにそうじは毎日した方が良い
○毎日そうじをする人を決めるのは時間がかかる

「教室のそうじは当番制にしたほうがよい」という主張を踏まえ、より具体的な結論を作ってみよう。具体例から「自主性にしない」「毎日する」「決めるのに時間がかかる」とあるのでそれを結論に入れよう。

主張とその答えを書く―問と答え①

どうやって教えるの？

読み手に伝わる書き方の一つとして、主張と答えの関係を書くことを学びます。これからどんなことについて説明したいのかという問題意識の表れを「主張」という言葉で表します。主張に対して、自分なりの考え、意見を述べることで「問と答え」の関係が成り立ちます。

また、より効果的な書き方として主張を問いかけの形で書くことがあります。そうすることで読み手にその問題意識について考えさせることができ、答えである自分の考えや意見へ流れを作りやすくなります。この時、問いかけの答えを読み手に委ねてしまうのではなく、必ず自分の考えと対応させるようにします。子どもには、文章を書いたあとには、問と答えがきちんと対応する関係になっているかを確認するくせをつけさせるとよいでしょう。

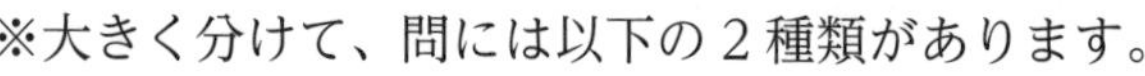

※大きく分けて、問には以下の２種類があります。

①イエスかノーの二択で答えられるもの

②５Ｗ１Ｈ（いつ・どこで・だれが・何を・なぜ・どのように）を答えるもの

問いに対する答えに当たるのが主張です。問いがない文章でも、主張から問いを想定することで、文章全体の輪郭が明確になります。

練習問題、解説します！

練習問題では問いかけの文に対して、対応する答えを選んでもらう問題です。まずは問の文を先に見つけ、それぞれの問題意識や主張を読み取ります。問の文は、文末が「～ないか」「～だろうか」という語尾に注目すると見つけやすいですね。

③は、漢字を覚えるには書いて練習した方が良いという主張の問いかけです。

④⑤は、体力向上のために「どんなこと」をしたらよいか、新幹線と飛行機「どちらが」よいか、とそれぞれの問題意識が書かれています。内容に対応したものを選ぶ作業をすることで、問と答えの関係に慣れていきましょう。

主張とその答えを書く—問と答え①

年　組　名前

例題　次の各文の中で問題意識を表す問いかけはどれでしょうか。

A これほどまでに大きな花をみたことがあるだろうか。
B 毎日ジョギングをするなんて、強い意志の持ち主なのだろうか。
C 好き嫌いはできるだけ少ないほうが良いのではないだろうか。

例題の解説
Aは、見たことがあるだろうかと問いかけの口調ですが、「見たことがあるだろうか、いやない」と主張を強調するための表現です。こういった表現を反語表現といいます。Bは「なんて」という言葉からも判断できるように、強い意志を持っていることへの感動を表した文。答えはCの文で、「好き嫌いはできるだけ少ないほうが良い」という主張と読むことができます。

答え　C

練習問題　次の①～⑥の文の中から、問と答えの組み合わせを３つ作り、文章を書きましょう。

①料金は高いけれど早く着くことを優先するならば飛行機が良い。
②筋肉がついて、代謝も上がるので筋トレをおすすめしている。
③漢字を覚えるには書いて練習するのが一番ではないか。
④体力の向上にはどんなことをすればよいだろうか。
⑤東京から九州に行くには新幹線と飛行機、どちらを使うのがよいだろうか。
⑥書くことで、形や画数を確認できて効果的だと思うからだ

組み合わせ：

組み合わせ：

組み合わせ：

問も答えも同じ話題について書いているので、その組み合わせを探せばいいよ。ただし、答えが、問に対してのちゃんとした答えになっているか、ずれた答えになっていないかを確認しよう。

主張には確かな理由がある―問と答え②

どうやって教えるの？

自分の伝えたいことである主張をただ声高に叫び続けても、なかなか人は聞く耳をもってくれません。主張というのは強い力があるように思えますが、実際に読んだり聞いたりして受け取る人は、「なぜその主張をするのか」のところを評価します。主張だけでは、その主張が正しいものかどうかを評価することができません。だから、物事がそのようになったわけや、なぜそういった主張をするのかという理由を伝えることが必要なのです。

右ページの例題のように、一つの主張に対して理由がいくつもあると、その主張の説得力は高まります。読み手に、問いかけである主張から、理由を経て結論までを流れで読ませることで、書き手の考えを誤解なく受け取ってもらうことができるようになります。

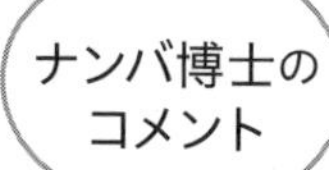

主張に対する理由が複数ある場合は、理由に○をつけさせ、それらの理由が同じレベルか、上位（抽象）ー下位（具体）の関係かを判断させましょう。

練習問題、解説します！

右ページの例題では、主張と理由が並んだ文章から、理由の部分を抜き出す練習をしてもらいますが、練習問題では主張に対する理由を自分で作文します。理由を書く際に、書き出しに困るようであれば、「なぜなら」という言葉を使って練習をするのもよいでしょう（基本編　原因と結果①「なぜなら」「だから」を使って書くを参照）。

自分で文を作ることで、主張と理由の関係をより意識して書き分けることができるようになります。表現する練習を重ねることが文章の上達につながりますから、短い文でも良いのでアウトプットする機会を増やしていきましょう。

①や②のような、「～のほうがいい」「必要ない」という価値観や主観が入った主張は、たとえ自分がそう思わなくとも説得力ある理由を考える練習をすることで、他者の考えを慮る経験にもなります。③のような事実を述べた主張には、自分が考えた理由だけでなく、ゴールデンウィークの日数や海外とひとくくりに言ってもどのようなところが人気かなど、主張を裏付ける根拠を添えられるとより強い支えになります。

主張には確かな理由がある―問と答え②

年　　組　名前

例題　以下の例文の中の、主張の理由に当たる部分の線を確認してなぞりましょう。

休みの日でも、早起きをした方が良いのではないだろうか。早起きをすると一日が長く感じるし、朝日を浴びるのは健康にいいと言われている。なんといっても気分良く一日をスタートできる。休みの日くらい好きなだけ寝ていたいという声も聞こえてきそうだが、早起きをすると良いことばかりなのである。だから休みの日に早起きをすることを強くすすめる。

例題の解説

まず、この文章の主張は「休みの日でも、早起きをした方が良い」ということ、主張が問いかけの形になっていることを読み取れたでしょうか。
早起きをした方が良い理由として、①一日が長く感じる、②朝日を浴びるのは健康にいいと言われている、③気分良く一日をスタートできる、という3つが並んで挙げられています。そして次の文で、④早起きをすると良いことばかり、と締めくくられています。④は、①～③の具体的な理由のまとめにもなっていますね。以上の四か所に線が引けていれば正解です。最後の一文は結論です。

練習問題　次の主張に対して、主張を支える理由を考えてみましょう。

①毎日、みんなで教室を掃除する時間を設けたほうがいい。

______

______

②夏休みの宿題は必要ないのではないだろうか。

______

______

③ゴールデンウィークの旅行先は海外が人気だ。

______

______

主張の後ろに「なぜなら～」と続けて、複数の理由を考えよう。具体的な理由を複数思いついたら、それらをまとめてどうなるかを考えて、それを理由にしてみよう。そして、「主張ーなぜならーたとえばー」の形で書いてみよう。

具体例を用意しよう―意見を書く①

どうやって教えるの？

言いたいこと＝主張とその理由をさらに確かに裏付けるもの（説得力や分かりやすさを強めるもの）が、具体例です。具体例は読み手がはっきりと形あるものとして思い浮かべられる必要性があります。具体例によって具体化することで、曖昧だったイメージを詳しく、はっきりと表すことができます。

具体例を書くときの留意点は以下の三つです。

①自分だけが分かるような具体例は避ける。

②どのくらい具体的（詳しいか）という度合いも伝わりやすさを重視する。

③数字などを適切に使用するとより効果的

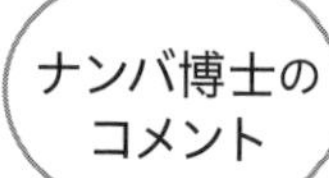

主張（考え）ー理由ー具体例という三角ロジックで論理的な文章を書くための、具体例を考えるところです。理由（抽象）に合う具体例を考えさせましょう。

練習問題、解説します！

「主張と理由にかかわる具体例」ということを大事にすると、教室の座席は廊下側の一番後ろが最高であり、なぜなら、すぐに教室から出ることができるということがメリットとして書かれています。それを支える具体例としては、「すぐに出られる」ことの具体例を選んでいくのがよいはずです。「ウ」の選択肢では、角度をつけて先生を眺めることの何がよいのかがわからないため、適切ではありません。「エ」の選択肢は事実ではありますが、その数値が何を表すのか、どういった意味を持つのかが示されていないため、不適切です。

このように、伝えたいことと理由のわかりやすさや説得力を強める具体例を書いていくことが重要です。論理的であるためには、客観性も重要です。具体例を用いるときは、独りよがりにならないように気をつけましょう。

反対の意見として、「窓際の席が良い」という主張にして、理由とそれにかかわる具体例を考えてみてもよいでしょう。

具体例を用意しよう—意見を書く①

年　　組　名前

例題　授業の中で次のテーマで意見文を書きました。主張と理由を読んで、適切な具体例を選びましょう。

早歩きをすることについて

主張：早歩きをするべきである。

理由：早歩きをすると健康に良いからだ。

適切な具体例：

ア 例えば、早歩きをすると心肺機能が改善され、消費カロリーは 1.5 倍になる

イ 例えば、早歩きをすると体重が 30kg の人は 20kg になる

ウ 例えば、早歩きをすると、たくさん人を追い抜ける

エ 例えば、早歩きをすると、周りの景色が速く流れていく

例題の解説

主張と理由に対する正しい具体例を考えます。「健康に良い」ことを表している具体例はどれでしょうか。極端な具体例だったり、健康に良いことと関係なかったりするものは選べません。自分で具体例を書くときは、主張や理由に結びつくものを考えるようにしましょう。

答え　ア

練習問題　『教室の最高の席について』というテーマで、次のような主張と理由があります。主張・理由とかかわる正しい具体例として適切なものをすべて選びましょう。

主張：教室の座席は廊下側の一番後ろが良い。

根拠：すぐに教室から出られるからだ。

ア 音楽室の音が廊下から響いてきて、よく聞こえる

イ 放課後、準備さえしておけば誰よりも早く帰ることができる

ウ 授業中に角度をつけて先生を眺められて、とても良い

エ 黒板からは 8m ほど離れているが、廊下までは 30cm である

オ 休み時間にトイレに駆け込みたい時も、いち早く外に出られて安心だ

答え

「主張ーなぜならー理由ーたとえばー具体例」というつながりで考えると書きやすくなるよ。練習問題では、「すぐに教室から出られるからだ」という理由に、「たとえば」でつなげられる、しかも、ウソや極端ではない具体例を選ぼう。

複数の具体例を挙げる―意見を書く②

どうやって教えるの？

言いたいこと＝主張とその理由をさらに確かに裏付けるもの（説得力や分かりやすさを強めるもの）が、具体例だということを前回学習しました。具体例は一つよりも、複数あった方が、より効果的に主張を裏付けることができます。

具体例を複数挙げる時は次のようなことに気をつけます。

○自分だけがわかるような具体例は避ける

○複数挙げる具体例の抽象度（レベル感）を揃える

○テーマとずれていないかに気をつける

ナンバ博士のコメント

理由のない、主張ー複数の具体例　の文章の書き方を学びます。理由がないが、共通した理由を想定して考えると、具体例の抽象度は揃えやすいでしょう。

練習問題、解説します！

具体例のレベルを揃えていくことを大切にします。校長先生は目上の人になりますので、「おはようございます」が適切です。次に、放課後に「おっす」「ヤッホー」とあいさつをする相手やシーンはどういう時でしょうか。相手を意識した場合は、おそらくはクラスメイトや仲の良い友人ということになるでしょうし、静かな場所や改まった場所で会った時は、砕けた挨拶にはならないため、近所や帰り道といった日常的なシーンを入れられるとよいですね。

また、③・④は少し難しいかもしれませんが、季節や時期による挨拶を考えます。「正月に親戚に会う」というシーンや相手を想定すると「明けましておめでとうございます」となりますし、会う相手が親しい友人だった場合は、「あけおめ、ことよろ」でもよいでしょう。

他には、季節の変わり目で急に気温が下がった時に、「突然寒くなりましたね、体調崩されていませんか」などと聞くのも時候を含んだ挨拶としてよさそうです。

複数の具体例を挙げる―意見を書く②

年　　組　名前

例題　次の空欄に入る言葉を選択肢から選び、記号で答えましょう。

主題：タブレットやPCでの学習は便利で効果的だが、紙の方が良い場合もある

具体例1：例えば、①［　］。　**具体例2：**また、②［　］。　さらに、③［　］。

ア 書いていると気分が良くなる
イ 文字をかいたり、図をかいたり、かく場所が自由である
ウ 質感や大きさなどを選ぶことができ、表現の幅が広い
エ とっさに生まれたアイデアを走り書きするときには、便利だ
オ 場所を取らないし、取り組んだものをなくしてしまう可能性は低い
カ 使用するのにかかる費用が子ども一人当たり100,000円である

例題の解説　説明したい内容に対して、適切な具体例となっているか、また個人的な感想になっていないかに気をつけましょう。説明したいのは、デジタルデバイスよりも、紙の方が良い場合なので、自分や周りの人が納得できるような具体例となっているかが大切です。

答え　①―イ　②―ウ　③―エ

練習問題　次の空欄に入る具体例を書いてみましょう。

私たちの毎日を豊かにしてくれるものとして、「あいさつ」がある。私たちは、日ごろ時間や人によってあいさつを変えている。例えば、朝、昇降口で校長先生にあったときは、「(　　①　　)」と言う。また、放課後、(　　②　　)ときは、「おっす」や「ヤッホー」とあいさつを交わす。さらに、季節や時期によってもあいさつを使い分ける。(　　③　　)ときは、「(　　④　　)」と言うことが多いはずだ。このように、あいさつは時と場所に応じて使い分ける。適切に使って、お互いに気分良く過ごしたいものである。

答え
①　　　　②
③　　　　④

この文章は前後に「あいさつは時と人、場所に応じて使い分けるもの」という主張があり（双括型）、それにあう具体例を考えることになるね。それぞれの場面を想定してどんなあいさつがありうるか考えてみよう。

具体例から自身の意見を抽出する—意見を書く③

どうやって教えるの？

言いたいこと＝主張とその根拠（理由）をさらに確かに裏付けるために具体例を用いますが、ここまでは主張と根拠を述べてから、具体例を挙げるパターンを学習しています。ここでは、具体例を先に複数挙げて、それらに共通する主題（抽象）でまとめていくというパターンを学習します。

この際に気をつけたいのは、複数の具体例で表された主張を的確に抽出することですが、一度書いた具体例から改めて主張を抽出するのは容易ではありません。書くときの順序は《具体例⇨主張》という流れですが、イメージとしては、あらかじめ主張を決めておき、それを導くために便宜上具体例を先に挙げていると考えると書きやすくなります。

子どもへの伝え方としては、以下のようにすると良いでしょう。

○あらかじめ言いたいこと（テーマ）を決めておく

○そのための複数の具体例を考える

○書く順番を具体例⇨主張で整えていく

ナンバ博士のコメント

複数の具体例から主張を生み出します。複数の具体例をまとめると（「このように」でくくる）どのような理由になるかを考えてから主張を考えさせましょう。

練習問題、解説します！

問1　三つの具体例では、ジャングルでの危険性の高さが書かれています。「ジャングルに行くことで何が起きるか」に線を引くなどして、その共通点を抽出すると「危険」というキーワードが導き出せます。

問2　主張に対する具体例が四つ挙げられています。具体例をさらに詳しく説明する部分が混ざっているので選ぶときは注意が必要です。具体例も一言で終わらせるのでなく、少し詳しく書いたり、理由を書いたりすると説得力が増していきます。最後の主張である「小学生の夏休みは忙しい」を最初に決めて、それを説明するための具体例として、実際に経験したことや思いついたことである「学校の宿題」「プールや海で遊ぶ」「習い事が増える」「だらだらする」を挙げていく形となっています。

具体例から自身の意見を抽出する―意見を書く③

年　　組　名前

例題 次の空欄に入る言葉を選択肢から選び、記号で答えましょう。

具体例1： 例えば、移動の際に極めて楽ができるベビーカー。
具体例2： また、退屈なお買い物における椅子付きショッピングカートも欠かせない。
具体例3： さらに、三輪車は行動範囲を広げてくれる。
主題：（　　　　　　）は、お出かけの際の便利さと喜びのために欠かせないものだ。

ア 高速移動手段　　**イ** 小さい子用の乗り物　　**ウ** 秘密道具

例題の解説
三つの具体例に共通する主題は、「乗り物」であること、それも利用者が小さい子どもに限定されていることが分かります。小さい子のための乗り物について説明したいという主張を掲げて、それに沿った具体例を準備し、順番を入れ替える形で書くと良いでしょう。

イ

練習問題

問1 次の空欄に入る具体例を書いてみましょう。

気候や空気の変動によって、鼻炎になったり、喉に異常を訴えたりする人も多い。
また、毒ヘビや虫に噛まれるなど感染症のリスクも非常に高い。
さらに、木々が茂っているため暗い場所も多く、方向感覚がつかめず迷い込みやすい。
このように、ジャングルには（　　　　　　　　　　　　　　　　）と言える。

問2 次の文章を読んで、構成を整理した下の空欄にあてはまる言葉を選んで記号で答えましょう。

夏が暑い。異常気象とも言われるが、そんな令和の夏にも私たち小学生がやらなければいけないことは多い。**ア** 学校の宿題は、言うまでもない。**イ** 自由研究は自由ではないし、自主学習も自主的かは疑問だ。**ウ** プールや海に行って、暑さをしのぎつつ遊ぶことも大切だ。**エ** はしゃぐことで暑さを忘れられる。**オ** 習い事もここぞとばかりに増える。**カ**「夏休みだから」を合言葉に習い事でやることは、夏なのに雪だるま式だ。**キ** だらだらすることも不可欠だ。**ク** この暑さなら命を守るためにも体力を温存することは積極的に行わなければならない。**ケ** このように、小学生の夏休みは忙しいのだ。

具体例1： 例えば、①（　　）　**具体例2：** また、②（　　）　**具体例3：** さらに、③（　　）
具体例4： そして、④（　　）　**主張⑤**（　　）

まずこの文章の主張を見つけよう。「このように」がヒント。そして、それにつながる具体例を探そう。文章を見ると主張以外の8個はそれぞれセットになっているよ！そこから考えよう。

対比を活用する―意見を書く④

どうやって教えるの？

対比とは、二つ以上のものを比べることです。例えば、プラス面とマイナス面や共通点と相違点のように、どちらがよりよいか、どう違うのかを効果的に説明するときに用います。対比を示す場合には、「しかし」「一方で」などの接続語を用いるとわかりやすくなります。気をつけておきたい点としては、対比するときは、同じ観点で比べる必要があるということです。まったく別の観点で比べたとしても、それは対比にはなりません。

例えば、「ダンゴムシは小さいが、アルゼンチノサウルスはかっこいい」となると、対比になりません。大きさで対比するならば、双方を大きさで比べる必要があります。

ナンバ博士のコメント

対比のポイントは、比べている観点は何かを意識することです。どういった観点から見て違うととらえているのか、意識させたいです。

練習問題、解説します！

問1　対比の観点をそろえることを意識すると、①には性格を、②には見た目の特徴を入れることになります。事実ではなくても良いですし、性格を表す言葉、見た目を表す言葉のバリエーションを子どもから募ると盛り上がりそうです。せっかち、おだやか、ミステリアスなど同時に性格を表す言葉を一緒に考えてみると言葉の世界が広がります。

問2　対比のポイントをそろえる練習です。問1を踏まえた上で、逆接でつないでいるため、サンタクロースがあわてんぼうならば、性格を表している対比だとわかりますので、トナカイは「慎重だ」や「落ち着いている」などが妥当な答えとなります。

また、映画館で見る映画とスマホで見る動画の対比ですが、画面の大きさについては既に比べられています。「時間が長い」「一つの作品」という部分に対応する「楽しみ方」についての内容が書かれていないため、「短い時間で」「色々な動画をたくさん見られる」など、「どう楽しむか」という部分にフォーカスして答えるとよいでしょう。

対比を活用する―意見を書く④

年　組　名前

例題 次の空欄に入る言葉を選択肢から選び、記号で答えましょう。

オリンピックとサッカーワールドカップは、各国の代表選手が技を競い合う大会である。オリンピックは、①（　　）あり、②（　　）が参加する。2020年東京オリンピックでは206の国が参加した。それに対し、サッカーワールドカップは、サッカーのみが行われ、③（　　）が出場することになる。2026年サッカーワールドカップでは48カ国が参加することになっている。

ア 予選を勝ち抜いた国のみ　**イ** 世界中の国　**ウ** 野球のみで　**エ** 競技がたくさん

例題の解説
対比するポイントをそろえる必要があります。共通点については、「各国の代表選手が技を競い合う」と書かれているため、違う点を説明できると良いでしょう。サッカーワールドカップはもちろんサッカーだけですよね。それに対して、オリンピックはどうか。また、オリンピックとサッカーでどのくらいの国が出場しているかを考えると②・③も選びやすくなると思います。

答え ①―**エ**　②―**イ**　③―**ア**

練習問題

問1 次の文章中の空欄に入る言葉を考えて書きましょう。そのときに、観点（比べるポイント）をそろえることを意識してください。

私のクラスの先生は、おっちょこちょいな性格で、メガネをかけている。
隣のクラスの先生は、（　　①　　）性格で、（　　②　　）。

答え ①　　②

問2 次の対比している文章は、比べ方が正しくありません。＿＿線部を正しく直してみましょう。

①サンタクロースはあわてんぼうだ。しかし、トナカイは<u>赤い鼻をしている</u>。
②映画館で見る映画は、大画面で見ることが出来て、長い時間一つの作品を楽しめる。一方で、スマホで見る動画は画面が小さいものの、<u>面白い</u>。

答え ①
②

対比で大事なのは、どの観点（どこ）からみて違うのか、ということだよ。問2の1つ目なら「サンタクロース（の性格）は」とするとわかりやすく、2つ目は「楽しむ」ということが観点だと気づこう。

第3章「書く」応用編

「たしかに」「もちろん」「しかし」「だが」譲歩表現を使いこなす—意見を書く⑤

どうやって教えるの？

自分の考えを相手に一方的に伝えるだけでなく、「こういう考え方もあります。しかし、……」というように、読者からの反論を想定し、それに応答する表現のことを譲歩表現といいます。

譲歩表現は、次のような形を取ります。

（想定される読者からの反論）　たしかに／もちろん、●●である。

（反論に対する筆者の応答）　しかし／だが、△△である。

ただ、この譲歩表現を使用するときに気をつけなければいけないのは、自分の結論を述べるために、想定される相手の反論や意見を軽視することはないようにすべきだということです。意見文であったとしても、他者の意見へ耳を傾ける謙虚さは持ち続けたいものです。

ナンバ博士のコメント

「たしかに—しかし」という譲歩構文は、反論を踏み台にしているように見えます。「しかし」のあとは、反論の考えを取り入れた主張にしましょう。

練習問題、解説します！

最終的な自分の主張である「カレーライス以外の料理も選べるようにするべきだ」からさかのぼって、主張と譲歩表現を組み立てます。

前半部分で述べた意見の中に「アレルギーのことなども踏まえて」とあることに注目しましょう。

次に、想定される反論の中に「大量の具材を煮込む」という言葉がありますので、ここについて触れてみるとよさそうです。想定反論を頭ごなしに否定するのではなく、一部は受け止め、一部について自分の意見を述べるという方法をおすすめします。「大量に煮込むため、その中にアレルギー物質が含まれる危険性がある」などとまとめるとよいでしょう。

それ以外には、「カレー好きの子どもが多い」に対して「カレー嫌いの子どもも何人かはいるため、その人たちへの気づかいも必要だ」などとまとめると、角をたてずに自分の主張を伝えていくことができます。

「たしかに」「もちろん」「しかし」「だが」譲歩表現を使いこなす―意見を書く⑤

年　組　名前

例題　次の文章の空欄のどこかに、「しかし」「たしかに」という二つの言葉を補います。どこに入れるのが適切か、記号で答えましょう。

雨を避ける手段はいくつか考えられる。かさを差す、レインコートを着る、雨宿りをするなどだ。（　ア　）私はレインコートを着ることをおすすめしたい。（　イ　）脱いだ後に濡れたレインコートをしまう場所に困ったり、たたむのが面倒だったりするという意見もごもっともだ。（　ウ　）両手が空いた状態ですぐに行動ができることは、安全性の面から明らかに優れている。（　エ　）雨天時はレインコートこそ最強の雨よけの道具だと言える。

例題の解説

「たしかに」は、自分とは異なる意見を示すときに使うので、レインコートを着ることに対して否定的な意見を言っている部分の《前》にあると考えられます。「しかし」は、否定的な意見に対する応答を説明するときに使うため、自分の意見「安全性の面から明らかに優れている」の《前》に置きます。

たしかに―イ　しかし―ウ

練習問題　次の文章中の空欄に入る言葉を考えて書きましょう。そのときに、反論に対する意見を述べることを意識してください。

子どもたちが集まるイベントがあると、食事としてカレーライスが出てくることが多いが、私はアレルギーのことなども踏まえて、もう少しメニューを考えた方がいいと思う。たしかに、大量の具材を煮込む分、具から良いだしが出てきておいしくなるし、準備も比較的簡単で、カレー好きの子どもも多い。しかし、（　　　　　　　　　　　　　　　　　）。カレーライス以外の料理も選べるようにするべきだ。

譲歩の構文では、反論部分をよく見て、その部分について、自分の意見を出すようにしよう。練習問題では「具材が多い」ことを書いているので、そのことで困ることについて書いてみよう！

別の視点から見る「具体例」と「理由」―意見を書く⑥

どうやって教えるの？

自分の考えを書いてまとめるときには、次の点に気をつけましょう。
①書く目的は何か
②伝えたいこと（主張）は何か
③伝えたいことを支える理由としてどんなものを挙げるか
④伝えたいことを支える具体例としてどんなものを挙げるか
などです。

今回は、その中でも③理由と④具体例に注目します。理由や具体例を挙げる際は、一つの視点からだけではなく、いろいろな視点から挙げていくと、説得力が増します。

ナンバ博士のコメント

複数の理由や具体例を挙げて説得力を高める指導はよくありますが、ここでは別の観点からも考えるという、質の向上をねらっています。

練習問題、解説します！

小学校の校庭が芝生になることで、想定される反論としては、「管理が大変」「養生期間は校庭が使えない」などが挙げられ、想像以上に大変なことです。ただ、メリットもあるので、今回はメリットについて理由を考えます。

子どもたちにとって、校庭が芝生になることで、転んでもケガをしにくいし、寝転がると気持ちがいいという理由が挙げられそうです。学校の周りに住んでいる人たちにとってみると、校庭の砂が風で巻き上げられ、洗濯物や窓ガラスが汚れるという困り事が存在します。

まずは、記述をしてもらい、芝生にしないのであれば、どのような解決方法があるかなどを話し合ったり考えたりしてみるのもよいでしょう。

「小学校の校庭は芝生にするべきだ。なぜなら、校庭が芝生になることで、子どもたちは体育や遊びの時にけがをする可能性が低くなるからだ。また、近くに住んでいる人たちにとっても、校庭の砂が風で舞うことによる被害を抑えられるというメリットがある」などとまとめられます。

別の視点から見る「具体例」と「理由」
―意見を書く⑥

年　　組　名前

例題　学校の昼休みを長くするべきか、長くするべきではないか、ということについて意見文を書きました。「伝えたいこと」を支えるための理由をいろいろな視点から考えます。以下のＡ～Ｃの三つの視点のそれぞれから挙げる理由として適切なものを選んで、記号で答えましょう。

［伝えたいこと］
学校の昼休みは長くするべきだと思う。なぜなら、昼休みを長くした方が、学校生活を有意義に送れる人が増えるからだ。

［視点］　**A** 食事が遅い人　　**B** たっぷり遊びたい人　　**C** 食後は眠くなる人

［理由］
ア 昼休みの時間が短いと、食後にすぐに授業が始まることになり、お腹が満たされると眠気がやってきてしまう人は、眠い状態で午後の授業を受けなくてはいけない。
イ 昼休みの時間が短いことで、焦って昼ごはんを食べることになる。消化にも良くないし、何より美味しく食べられない。
ウ 昼休みは昼食時間が含まれる。外で遊ぶにも本を読むにも時間が短いと中途半端になってしまう。

例題の解説　立場を変えると、伝えたいことに対する見え方・考え方が変わってきます。自分の意見を押し付けるだけではなく、いろいろな立場や別の視点から見る具体例を考えられると良いですね。それぞれの立場における伝えたいことを支える具体的な理由をおさえます。

答え　**A**―**イ**　**B**―**ウ**　**C**―**ア**

練習問題　次の伝えたいことに対する理由をそれぞれの視点から考えてみましょう。答えは短くても構いません。

小学校の校庭は芝生にするべきだ。

A 子どもたち
B 学校のすぐ近くに住んでいる人たち

練習問題では、次のような形式に当てはめて考えてみよう。「小学校の校庭は芝生にするべきだ。なぜなら、子どもたちにとって～だからだ。また、近くに住んでいる人たちにとって～だからだ」

最強の意見文を作ろう!

どうやって教えるの？

ここまで、書くためのポイントを細分化しながら練習をしてきました。ここでは、練習してきた内容を生かして、「相手に自分の主張が伝わる意見文」を書くためのまとめを行います。具体化と抽象化をうまく使いつつ、対比や譲歩などを盛り込んで、説得力のある文章のまとめかたを学習します。

①伝えたいこと（主張）は何か→参照：『主張とその答えを書く』

②主張を支える理由は何か→参照：『主張には確かな理由がある』

③主張とその理由を支える具体例を複数挙げる→参照：『複数の具体例を挙げる』

④対比を使う→参照：『対比を活用する』

⑤譲歩を使う→参照：『「たしかに」「もちろん」「しかし」「だが」譲歩表現を使いこなす』

⑥まとめる

の流れで書けると良いでしょう。今回は練習問題は設けません。例題で練習をし、そのフレームを使いながら、意見文をまとめられるようになるとよいですね。

例題がうまく書けない場合は、④・⑤を省いて、①②③⑥のような形でまとめることを提案することもよいでしょう。

①～⑥に付け加えれば、複数の理由や具体例を挙げるときに、前に習った「別の視点から理由や具体例」を挙げるとさらに説得力が増します。

練習問題、解説します！

以下に、意見文の一例を紹介します。

（主張）私は、学校の一つの授業時間を短くするべきだと思う。

（理由）なぜなら、生徒にとっても先生にとってもメリットがたくさんあるからだ。

（主張を支える複数の具体例）例えば、授業時間が短くなることで授業のテンポが上がり、集中力も高まる。また、下校時刻が早まることで、放課後の時間を有効に使えるし、先生たちの労働時間も短縮できる。

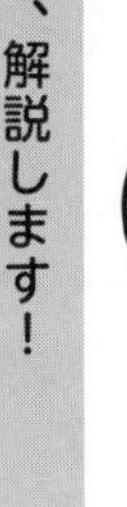

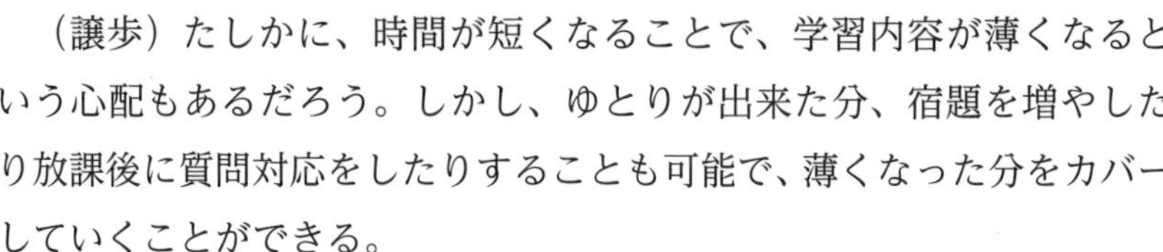

（譲歩）たしかに、時間が短くなることで、学習内容が薄くなるという心配もあるだろう。しかし、ゆとりが出来た分、宿題を増やしたり放課後に質問対応をしたりすることも可能で、薄くなった分をカバーしていくことができる。

（まとめ）このように、生徒や先生の充実度を高めるためにも、学校の一つの授業時間を短くするべきだと思う。

最強の意見文を作ろう！

年　　組　名前

例題 AかBどちらかを選んで、（　　）内に言葉を考えて入れ、意見文をつくりましょう。

伝えたいこと（主張）※AかBのどちらか

A 私（ぼく）は、学校とは（　　　　　　　　　　　）だと思う。

B 私（ぼく）は、学校が（　　　　　　　　　　　）だ。

○主張を支える理由

なぜなら、（　　　　　　　　　　　）からだ。

○主張とその理由を支える具体例を複数挙げる

例えば、（　　　　　　　　　　　）。

また、（　　　　　　　　　　　）。

○対比

学校は、（　　　　　　　　　）だが、家（塾／会社）は、（　　　　　　　　　）だ。

○譲歩

確かに、学校は（　　　　　　　　　　　）。しかし、（　　　　　　　　　　　）。

○まとめ　※AかBのどちらか

このように、

A 私（ぼく）は、学校とは（　　　　　　　　　　　）だと思う。

B 私（ぼく）は、学校が（　　　　　　　　　　　）だ。

例題の解説

小学校について普段から思っていることを意見として書いてみよう。伝えたい意見があるなら、理由が必ずあるはずです。そして、そう思った具体的なシーンを挙げてみましょう。その上で、学校以外の場所と比較します。想定される他の意見も考えてみて、その上で自分の意見をどう伝えていくと良いかを伝えます。最後に、抽象化＝まとめて完成です。

練習問題 意見文を別の紙やタブレットのドキュメントを使って書いてみよう。

（主張の例）

○「秋休み」を作るべきだ。

○教室の座席は自由に選べるようにしたい。

○一つの授業時間を短くするべきだ。

○学期ごとにクラス替えをしてほしい。

意見文を書いてみる時には、自分で自分に質問しながら書いてみると書きやすいよ。たとえば、「私は「秋休み」を作るべきだと考える」「どうして？」「なぜかというと、〜」というように考えよう。

いろいろな意味を持つ語①―多義語名詞の理解

どうやって教えるの？

多義語とは、「ひとつで複数の違った意味を持つ語」を意味します。子どもには「多義語」を「いろいろな意味を持つことば」と言い換えて説明するとよいでしょう。以下に多義語を指導する際のポイントを３点に分けて記述します。

①まず、その語の「もっとも基本的な意味」（基本義）を子どもに提示します。

②次に、その語が基本義以外にどのような別の意味を持つのかを例文を挙げながら説明します。この際、子どもに例文を挙げさせるとよいでしょう。

③最後に、その語の基本義からなぜ「別の意味」が生じたのかを、子どもに質問をしながら説明します。

ナンバ博士のコメント

多義語は国語科の授業ではあまり扱われません。しかし、説明文や文学の読解において重要な役割を果たします。比喩と多義とは分けられず連続しており、トレーニングが必須です。

練習問題、解説します！

今回は多義語名詞を取り上げます。

右のドリルの各語の基本義は、①「人や車、船などが往来しやすいように整備されたところ。通路・道路」、②「場所。あることがおこなわれるところ」、③「人体の左右の肩から出ている長い部分。手首から指先までを指すこともある」、④「種子植物の有性生殖をおこない、がくや花びらなどからなる器官。花が咲く植物」、⑤「夜空に点々と小さく光っている天体」となります。

ドリルの問題のア～エの選択肢のことばは、実際にその語の持つ意味のひとつを選んでいます。なぜ、そのような意味が生まれるのか。基本義からどのように派生したのかを③「手」を例にして、子どもへの説明ポイントに触れていきましょう。

③「手」は人体に付いているもので、何かを持ったり、さえぎったり、指し示したり、ものを数えたりする際に用いられる身体の一部です。アは「手」を参照点として「人間」に視点が変わった結果生まれた意味でしょう。イは手を利用して何かをおこなうこと、ウは手をせわしなく動かすこと、エは手をふる位置から生まれた意味と考えられます。

子どもたちと「手」を動かしたり、その位置を示したりしながら説明するとその理解を深めることができるでしょう。

わたしたちにとって身近なもの、日常的に用いる名詞であればこそ、多義（複数の意味）が存在しやすいのですね。

いろいろな意味を持つ語①—多義語名詞の理解

年　　組　名前

例題　各文の「風」にはどのような意味があるでしょうか。調べてみましょう。

A 強い風がびゅうびゅうと吹いている。
B 相手チームが疲れてきて、こちらのチームに風が吹きはじめた。
C ここ最近、世の中の風は冷たくなってしまったものだ。
D あの男はすぐに先輩風を吹かせるので、腹が立つ。

例題の解説
今回から数回に分けて、「いろいろな意味を持つ語」を学習します。さて、上の「風」という名詞は本来の意味であるA「ものを吹き動かす、涼しさや冷たさなどを感じさせる空気の運動」のほかに、B「勢いのある様子」、C「世の動きやありさま」、D「そぶり・わざとらしさ」の意味があります。

練習問題　次の各文の—部の語の意味として適当なものをア～エの中からそれぞれ選び、記号で答えましょう。

①わたしは音楽の<u>道</u>をきわめたいと夢を見ている。
ア みちすじ　イ 途中　ウ 分野　エ 方法

②けんかをしていた二人を仲直りさせる<u>場</u>をもうけた
ア 機会　イ 時間　ウ 状況　エ 場面

③受け<u>手</u>がきずつかないように、ことばをていねいに選んだ。
ア そのことをする人　イ 方法　ウ 手間　エ 方面

④いまふり返れば、中学生時代が<u>花</u>だったよ。
ア 代表的ではなやかなもの　イ 最も良い時期　ウ 生け花、華道　エ 桜の花

⑤ここで彼女と出会えたのは<u>星</u>のめぐりあわせとしか思えない。
ア 勝負　イ 花形・代表者　ウ 小さな点　エ 運勢

答え
①　　②
③　　④
⑤

まずは下線部の言葉を辞書で調べよう。選択肢のどれもがその語の意味になっているはず。その前後をよく読み、どの意味で使われているかを考えてみよう。当てはめて考えるとわかりやすいよ。

いろいろな意味を持つ語②―多義語動詞の理解

どうやって教えるの？

名詞同様に、わたしたちが頻繁に使用する動詞には、その本来の意味（基本義）だけでなく、そこから派生していろいろな意味が生まれます。子どもに発問し、身近な動詞（「動きを表すことば」と説明するとよいでしょう）を幾つか挙げさせたあと、そこから多義性を持つ動詞をセレクトして、その語を使った例文を挙げ、その場合の意味を考えさせるとよいでしょう。

ナンバ博士のコメント

動詞の多義語も、文章の読解に重要な役割を果たしています。基本的な意味に派生的な意味が付け加わることで、イメージの広がりを生み出していきます。

練習問題、解説します！

今回は多義語動詞を取り上げます。動詞とは「動きを表す語」であり、その基本的な意味は何かしらの「動作」を想起させるものになります。その動作のイメージが広がっていろいろな意味が生まれたのです。

それでは、練習問題の④「切れる」を用いて指導ポイントに言及します。

「切れる」とは「何か鋭利なもので上から下へスパッと断つ」という光景を思い浮かべることができないでしょうか。それが本来の意味（基本義）です。「あの新入社員はなかなか切れるので感心している」は、鋭い頭脳の持ち主で、物事をスパッと処理をするという意味となります。基本義のイメージと合致することが分かるでしょう。「切れる」にはほかにも「あの親戚とは七年前に縁が切れた」というように、関係をスパッと断つという意味もあれば、「薬の効き目が切れる」のように、ある効力がどこかのタイミングでスパッとなくなってしまう、「職人技が切れる」のようにその動きがスパッとしていて見事である、などの意味もあります。離れ離れになったり、傷や裂け目ができたり、物を断ち切るときにも「切れる」を使うことができます。選択肢ウの「乱暴な言動をとる」の意味で用いられる「切れる」は、「血管が切れる」様から生まれたものと考えられます。

例題や練習問題で取り上げたもの以外に、代表的な多義語動詞は「立つ」「取る」「晴れる」「上がる」「下がる」「読む」「刻む」「行く」「進める」「落とす」などがあります。また、「とめる」のように「止める」「留める」「泊める」などのその意味によって複数の漢字が存在するいわゆる「同訓異字」も数多くあります。時間があれば、この点を子どもに説明してもよいでしょう。

いろいろな意味を持つ語②—多義語動詞の理解

年　　組　名前

例題 各文の「流れる」にはどのような意味があるでしょうか。

A 川が山から海へ向かって流れる。

B ピアノの音色が風にのって流れる。

C 卒業してから十年の月日が流れる。

D 大雨のせいで楽しみにしていた運動会が流れる。

例題の解説 例題の「流れる」という動きを表す語にはいろいろな意味があります。Aは「(水などの) 液体が低い方向へ移動する」、Bは「音や電気などがあるところを伝わって移動する」、Cは「時間が経過する」、Dは「ある物事が成立しなくなる」ことを意味します。

A — 液体が低い方向へ移動する

B — 音や電気などがあるところを伝わって移動する

C — 時間が経過する

D — ある物事が成立しなくなる

練習問題 次の各文の____部の語の意味として適当なものをア～エの中からそれぞれ選び、記号で答えましょう。

①体調があまりよくないので今日は早めに休むことにした。

ア さぼる　**イ** 寝る　**ウ** 欠席する　**エ** 立つ

②中学生の姉が小学生の弟の面倒をみる。

ア 知る　**イ** 調べる　**ウ** 引き受ける　**エ** 判断する

③新しいビルを建てるのに五年もの歳月をかける。

ア 費やす　**イ** 上に置く　**ウ** 処理をする　**エ** 取り付ける

④あの新入社員はなかなか切れるので感心している。

ア 思考力が鋭く働く　**イ** 見事な動きをする

ウ 乱暴な言動をとる　**エ** 計算できる

⑤複雑な手続きを踏む。

ア 身を置く　**イ** やり方に従う

ウ 見積もる　**エ** キャンセルする

この問題でも、下線部の言葉を辞書で調べよう。語の前後をよく読み、どの意味で使われているかを考えてみよう。また、「年月が経つ」のかわりに「年月が流れる」といったときにどんなイメージが加わるか考えてみよう。

第4章「読む」応用編

いろいろな意味を持つ語③―多義語形容詞の理解

どうやって教えるの？

今回は多義語形容詞ですが、まずは子どもたちに形容詞とは何かを説明しなければなりません（「形容詞」という用語を使用しないほうがよいでしょう）。形容詞とはもともと「物事や人の性質や性格、感情などを表す語」のことで、もともとの形（終止形）は「～い」の形になります。たとえば、「赤い」「固い」「冷たい」「熱い」「面白い」「悲しい」「楽しい」「嬉しい」などはすべて形容詞です。これらの例を列挙したあと、子どもにほかにどんな形容詞があるか回答させるのも手でしょう。直前に「とても」が付けられることが多いという補足説明をしてもよいかもしれません。

形容詞の多義語は日常的に使うだけでなく、文学にも使われます。形容詞のままの時と、違う言い方に言い換えた時のイメージの違いを比較させましょう。

練習問題、解説します！

多義語形容詞も名詞・動詞のときと同様に、その基本的な意味（基本義）から派生していろいろな意味が生まれたのです。もともとは物事や人に対して使われていた形容詞が「時間」や「空間」「感情」など別のカテゴリに適用されて新たな意味を創出するパターンが多く見られます。ある形容詞を挙げて、「これを時間に当てはめるとどういう意味になるか？」「これを空間（場所）に当てはめるとどういう意味になるのか？」といった問いを子どもに投げかけるのもよいかもしれません。

それでは、練習問題③を題材にその解説ポイントを説明していきましょう。

「近い」の基本的な意味は、「（二つの事物の間の）距離が極めて短い」となります。「自宅から公園までは近い」といったように用います。つまり、空間的なカテゴリに属しているのですね。ところが、③「戦争が終わる日も近いだろう」の「近い」は、空間的なものではなく時間的なカテゴリに適用されているのです。なお、イの「関係が強い」は「（互いの）距離が短い」から「（互いに）親しい」という意味に転義したものと考えられます。また、エの「数量が少し満たない」は、たとえば「三万人近い観衆が集まった」といったように用いられ、この場合、「実際の観衆の数」と「三万人」の数的距離が短いことを意味します。ただし、三万人をややこえた人数でも「三万人」との数的距離は短いのですが、この場合は「近い」を使えないのは大変面白いことです。おそらく「三万人」をターゲットにして、こちら側からの距離を測っているという見立てがなされているからでしょう。そんな話を子どもにするのもことばに興味を持たせるきっかけになるのではないでしょうか。

いろいろな意味を持つ語③―多義語形容詞の理解

年　　組　名前

例題 各文の「おかしい」にはどのような意味があるでしょうか。調べてみましょう。

A そんなどうでもいいことでケンカをするのはおかしい。

B 今週に入ってからパソコンの調子がおかしい。

C この文章は結論がはっきり書かれていなくておかしい。

D あのお笑いコンビはいつみてもおかしいので、わたしのお気に入りだ。

例題の解説

「おかしい」を漢字で書くと「可笑しい」となります。もともとの意味は「普通とは違っていて、思わず笑ってしまう様子」です。この「普通とは違う」がもとになり、「変に感じられる」「バランスがよくない」という意味で「おかしい」が使われるようになったのです。Aは「くだらない（価値が感じられない）」、Bは「機能や具合が変だ」、Cは「つじつまが合わず正しくない」、Dは「笑い出したくなる、おもしろい」の意味となります。

練習問題 次の各文の―部の語の意味として適当なものをア～エの中からそれぞれ選び、記号で答えましょう。

①あの南の島は一年中温度が高い。

ア 数値が大きい　**イ** 人をバカにする　**ウ** ほかよりすぐれている　**エ** 物が上にある

②そんなあまい考えでは失敗してしまうよ。

ア 厳しさに欠けている　**イ** 塩気が少ない　**ウ** 砂糖のような味がする　**エ** 引きつける

③戦争が終わる日も近いだろう。

ア 距離が短い　**イ** 関係が強い　**ウ** 時間が短い　**エ** 数量が少し満たない

④秋がしだいに深くなる。

ア 底まで距離がある　**イ** 時が十分経過する　**ウ** 親密である　**エ** よく理解している

⑤彼女はまだ若いのに音楽の好みが渋い。

ア 落ち着きがある　**イ** 不快な感じがする

ウ ふきげんである　**エ** 声がしわがれている

この問題でも、下線部の言葉を辞書で調べよう。語の前後をよく読み、どの意味で使われているかを考えてみよう。また、なぜ形容詞をわざわざ使うのか、どのようなイメージを付け加えたいのか想像してみよう。

会話がズレるのはどうして?—かくれた意味の理解①

どうやって教えるの?

今回は会話のやり取りで「ズレ」が生じてしまう、すなわち、ことばの意味の取り違えで両者のコミュニケーションが成立しない事例を子どもに読ませて、互いにことばの意味をどう別々に捉えてしまっているのか、その理由を説明させるというものです。ことばには「言内の意味(字義通りの意味)」と「言外の意味」があるものです。会話をしているひとりは前者の意で話しているつもりなのに受け手は後者の意で解釈してしまうなどということもあります。また、多義語や同音異義語、同訓異字などでそれぞれ別の意味で理解してしまうケースなども考えられます。このような会話文を作成して、子どもに回答させると盛り上がるでしょう。

ナンバ博士のコメント

ことばの多義性がズレを生むことについて、学習者は意識していないことが多いです。多義語について学んでいくと、ズレについても意識できるようになっていきます。

練習問題、解説します!

練習問題のAさんとBくんの会話が噛み合っていないその理由について、子どもをグループ分けして話し合いをさせるなどして、各グループの代表者に発表させるように試みをしてもよいでしょう。

「本の虫」という慣用表現を知っているかどうかがポイントに感じられるかもしれませんが、「わたしは毎日図書館に行くのが楽しみなくらい」という部分から「本の虫」にどういう意味があるのかを推測させるように指導者サイドが子どもを導くような説明をおこなうと効果的です。

さて、「本の虫」は「本が好きでたまらない」「読書に熱中している」人のことをもちろん指していますが、なぜ「虫」という語を使っているのでしょうか。諸説ありますが、一番有力なのは本に棲みつき、その紙を餌にしている虫(「紙魚」と書いて「シミ」と読む銀色の虫)と、活字中毒ばりの読書愛好家をなぞらえてこの慣用表現が生まれたというものです。こういう小咄を授業内ではさんでもよいでしょう。

また、子どもの反応が良好であれば、「AさんとBくんの噛み合わない会話」をこれまたグループワークで自作させても面白いと考えます。高学年であれば、同じ形式の問題まで作成するよう指示を出す、あるいは課題を出すのも手でしょう。

会話がズレるのはどうして？—かくれた意味の理解①

年　　組　名前

例題 Aさんと B くんの会話はかみ合っていません。どうしてでしょうか。この理由を説明した文の（　　）に入る漢字１字～２字で表せる語をそれぞれ考えて答えましょう。

Aさん「Bくん、下校の途中でラーメン屋に寄るなんて、かなりまずいんじゃない？」
Bくん「おれ、塩ラーメンを食べたけれど、すごくおいしかったよ」

Aさんは「まずい」ということばでBくんのとった①（　　）がよいことではないと注意しているのだが、Bくんはラーメンの②（　　）が悪いと言われたのだと思っている。

例題の解説 この場合、「まずい」の意味を両者が取り違えてしまっているのですね。A さんはB くんが寄り道したことを注意しているのに、B くんはラーメンの味について聞かれたと思いこんでしまっているのです。この場合、①は「行動（行為)」、②は「味（風味)」が入ります。

練習問題 Aさんと B くんの会話はかみ合っていません。どうしてでしょうか。この理由を説明した文の（　　）に入る漢字１字～２字で表せる語をそれぞれ考えて答えましょう。

Aさん「わたしは毎日図書館に行くのが楽しみなくらい本の虫なのよね」
Bくん「ええ？　変わった趣味だね。遠くに見る分にはいいけれど、近くにそいつがいるとおれは触れないよ」

Aさんは図書館に行って本を読むことに（　①　）していることを伝えているが、Bくんは A さんが自分の苦手な（　②　）の本ばかり読んでいると思っている。

答え
①
②

「本の虫」という語句にどのような意味があるか、また、「虫」という語がどのような意味を持っているかを辞書で調べてみよう。たくさんある意味の中で、A さんとB くんがどのように間違えたのか考えてみよう。

比喩表現の特徴とその種類―かくれた意味の理解②

どうやって教えるの？

今回は比喩表現の特徴とその種類がテーマです。比喩とは「あるものを、それと共通点を持つ別のものを引き合いに出すことでより受け止めやすくする」表現技法で、様々な形の文章で用いられます。基本的に、たとえとして使われるものはたとえられるものとは別のカテゴリーのものになります。具体例と同じく、比喩も読者に納得感を持たせるために用いられるものであり、読者にとって「ピンとくる」ものでありつつ、言葉の取り合わせに新鮮味を感じられるようなものが工夫されます。比喩には多くの種類がありますが、ここでは基本的な比喩表現として①直喩（「～ような」「～みたいな」を使ったたとえ）、②隠喩（「～ような」「～みたいな」を使わないたとえ）、③擬人法（人でないものを人にたとえる）の三種類を取り上げます。文章中でたとえを探す際、まず①を探し、見つからなければ②③を意識すると探しやすくなります。直喩は「～ような」「～みたいな」という目印があるため、探しやすいでしょう。隠喩や擬人法は、文字だけをとらえると「厳密に考えるとあり得ない状態」を表すことになります。たとえば、「弟は家族の太陽だ」は隠喩ですが、厳密には弟は人間であって太陽ではありません。このような特徴をつかみ、比喩の表す意味がとらえられるように導けるとよいでしょう。

比喩にはこの他に諷喩（たとえのみを提示してたとえられているものを類推させる／財務省の許可がおりない＝家庭の中で支出の裁決権を持つ人物が認めない）、提喩（上位の概念で下位の概念を、あるいは下位の概念で上位の概念を表す／髪に白いものがまじる＝頭が白髪まじりになる）、換喩（何かの説明を、それに隣接する別のもので置き換えて表現する／学校が指定する＝学校の関係者が指定する、パトカーにつかまる＝パトカーに乗っている警察官につかまる）などがありますが、子どもの理解度に応じ、比喩の名称は出さずに「これはどういうことを表している？」と問いかけ、意味を説明させるとよいでしょう。

ナンバ博士のコメント

擬人法も比喩の一種ですが、人間でないものを人間でたとえたときに、特に擬人法と言います。擬人法にも直喩的なものと隠喩的なものがあります。

練習問題、解説します！

練習問題は直喩・隠喩・擬人法について問うものです。実際には一つの文にこれらすべてが同居するケースは少ないと思われますが、探しやすさとしてはA＞BCということを意識しながら探すとよいでしょう。A「ドームのような森」、B「クーラーのスイッチは切れ」、C「草が汗をかき始める」です。

比喩表現の特徴とその種類―かくれた意味の理解②

年　組　名前

例題　次の文章には、A（直喩）・B（隠喩）・C（擬人法）がそれぞれ一つずつ使われています。それぞれ、A＿、B＿、C＿のように線を引きましょう。

A（直喩）……「〜ような」「〜みたいな」という直接的な言葉を使ってたとえた表現。
B（隠喩）……「〜ような」「〜みたいな」という直接的な表現を使わないでたとえた表現。
C（擬人法）……人ではないものを人にたとえた表現。

空を見上げると、そこには大きな岩のような雲が広がっていた。雲は両手を大きく広げて空を抱きかかえている。ぼくはこの風景を頭の中のカメラに焼き付けた。

例題の解説

文章内から比喩表現を探すときは、まず最も探しやすい直喩（「〜ような」「〜みたいな」という目印が使われている）を意識しましょう。また、隠喩や擬人法は、文字だけとらえると「厳密に考えるとあり得ない状態」を表していることも覚えておくとよいでしょう。
Aは「大きな岩のような雲」、Bは「頭の中のカメラ（に焼き付けた）」、Cは「雲は両手を大きく広げて空を抱きかかえている」です。

練習問題　次の文章には、A（直喩）・B（隠喩）・C（擬人法）がそれぞれ一つずつ使われています。それぞれ、ぬき出して書きましょう。

A（直喩）……「〜ような」「〜みたいな」という直接的な言葉を使ってたとえた表現。
B（隠喩）……「〜ような」「〜みたいな」という直接的な表現を使わないでたとえた表現。
C（擬人法）……人ではないものを人にたとえた表現。

あまり眠れないうちに、朝になった。キャンプ場はドームのような森に囲まれていて、暗いうちはヒンヤリとしている。でも、太陽がのぼってくるとクーラーのスイッチは切れ、朝露にぬれた草が汗をかき始める。

答え
A
B
C

比喩とは、文字通りのことではないことを意味しているということだよ。文字通りに読んだらおかしなところを探そう。あとは、「ような」があれば直喩、人や人の様子や行動にたとえていたら擬人法と考えよう。

第4章「読む」応用編

比喩表現の指し示すもの—かくれた意味の理解③

どうやって教えるの？

比喩によって表される内容は、抽象内容を具体化したものです。比喩表現そのものを理解することも大切ですが、それを通じて書き手がどのようなことを示したいのかをとらえることもまた重要です。文章の書き手が比喩によってどのようなことを表そうとしているかを考えるには、具体的な内容から抽象内容を類推する作業が必要になります。

比喩をとらえるには、「たとえるもの」が「たとえられるもの」とどのような共通点を持っているかに目を向けることが重要です。そのうえで、共通点を強調することによってどのような表現が可能になっているかをとらえるようにするとよいでしょう。特に小説では、起こっていることをそのまま書くのではなく、比喩を経由することによってより心情をつかみやすくする工夫が見られます。読み手が直接経験したことのない内容であっても、比喩で表現されることによって理解できるようになったり、想像が可能になったりします。比喩が使われている部分であえて立ち止まり、「どういうこと？」と想像を促したり、比喩の表す意味を損なわないようにしながら「何か別のたとえ方はあるかな？」と一緒に考えたりするのもよいでしょう。

ナンバ博士のコメント

比喩の隠れた意味を探すには、比喩の部分だけではなく、文章の他の部分にも注目させましょう。例題なら「優勝なんて」、練習問題なら「太陽」です。

練習問題、解説します！

「フライパンに乗せられたステーキ肉」という比喩は、ガンガンに照りつける太陽によって路面の温度が高くなり、自分の足元がとても熱く感じられることを表しています。フライパンは下から火で熱せられるわけですが、アスファルトから感じる熱が、「ステーキ肉である私」にとってはフライパンを下から熱する火のように感じられている、ということになります。もちろん実際に人間がフライパンの上で焼かれることはありませんが、自分がステーキ肉になってフライパンで焼かれている場面を想像できれば、「私」がどれだけ熱く感じているかを読み取ることができるでしょう。解答としては「アスファルトから熱が伝わって、『私』がとても熱いと感じている」といった内容が説明できればよいでしょう。「下から熱せられて熱い」という共通点を満たしていれば、同じ特徴を持つ別の比喩への言い換えも考えられます。

比喩表現の指し示すもの―かくれた意味の理解③

年　組　名前

例題

次の文章の【　】で囲まれた部分に使われている比喩は、どのようなことを表していますか。説明した次の文の（　　）にあてはまる言葉を答えましょう。

浩司たちはサッカーの大会で優勝することを目指して毎日練習にはげんだ。練習試合で大負けしてしまい、優勝なんて無理なんじゃないかと思ったことも一度や二度ではない。それでも努力を続けた結果、半年後の大会で、ついに【桜は満開になった】のだった。

→「桜は満開になった」という比喩は、（　　　　　　　　）ことを表している。

例題の解説

【　】内の比喩は「～ような」「～みたいな」をともなわない「隠喩」です。サッカーの話をしていたはずなのに、突然桜が出てきたのでとまどった人もいるかもしれませんね。「努力を続けた結果」「ついに」という表現から、おそらく「優勝」という目標を達成できたのだろうと考えられます。それをそのまま言うのではなく、「桜が満開になる」という比喩を用いることでより強く印象付けようとしているのです。したがって、「桜は満開になった」という比喩は「浩司たちがサッカーの大会で優勝した」ことを表しているとわかります。

練習問題

次の文章の【　】で囲まれた部分に使われている比喩は、どのようなことを表していますか。説明した次の文の（　　）にあてはまる言葉を答えましょう。

私はもう一時間以上歩き続けていた。一歩一歩進んではいるのだが、どれだけ進んでもゴールは見えてこない。ガンガンに照りつける太陽に熱せられたアスファルトの上の空気は、ゆらゆらとゆれている。【フライパンに乗せられたステーキ肉】って気分。これ、いったいいつまで続くんだろう。本当にうんざりした。

→「フライパンに乗せられたステーキ肉」という比喩は、（　　　　　　　　）ことを表している。

比喩の隠れた意味を探すには、比喩の部分だけではなく、文章の他の部分にも注目しよう。例題なら「優勝なんて無理なんじゃないか」、練習問題なら「ガンガンに照りつける太陽」。これらが伏線になっているのだ。

その比喩表現が選ばれた理由を考える
—かくれた意味の理解④

どうやって教えるの？

第２章で具体と抽象の関係において学習したように、書き手は抽象内容を読み手に伝えやすくするために意図的に具体例を選んでいます。比喩も具体的な状況を提示して抽象的な内容の理解を促すものですから「その比喩表現を選んだ」ことには書き手の意図が反映されることになります。特に小説ではあえてありきたりな比喩が用いられる場合もあれば、あまりなじみのない比喩が用いられる場合もあります。どのような比喩を用いれば自分の表したい内容がうまく読み手に伝わるか、文章の書き手はあれこれ苦心して考えているのです。ありきたりな比喩が用いられている場合には「読み手が無理なく想像できるようにしたい」という意図、なじみのない比喩をあえて用いている場合には「一瞬読み手をとまどわせた後で『意味がつながった』感じを演出して新鮮な印象を持たせ、面白味を増したい」などの意図が考えられるでしょう。いずれにしても、書き手の最終目標は読み手に「ああ、わかる」という感覚を持たせたいということであるといえます。「なぜ、その比喩表現が選ばれたのか」を考えてみると、筆者がどのような対象に向けて何を言おうとしているのかもみえてきます。

ナンバ博士のコメント

比喩表現を読む人によって変えることでより効果的になるという設問です。比喩表現を読むと筆者がどのような読者を想定しているかがわかるのです。

練習問題、解説します！

どちらの比喩も直喩で「まるで～みたい」という形になっています。①は「冬眠から目覚めたばかりのクマ」で動きのおそさをたとえていますが、「弟」が「クマ」という別のものにたとえられているので、読み手としては一瞬「どういうこと？」となるでしょう。冬眠から目覚めたばかりということは、まだ活発に活動する感じではないだろうと想像できれば、寝ぼけて一歩ずつ進んでいる弟の様子と重ねて状況を読み取ることができるでしょう。一方、②の「スローモーション」はゆっくりした弟の動き自体を「スローモーション」という別のものにたとえているだけなので、読み手は「どういうこと？」と感じることなくすんなり受け入れられると考えられます。さらに、「冬眠から目覚めたばかりのクマ」以外で「ゆっくり動いているものの例」を挙げ、別の比喩を考えてみるのもよいでしょう。

その比喩表現が選ばれた理由を考える
—かくれた意味の理解④

年　　組　名前

例題

次の文章の【　　】で囲まれた部分に使う比喩表現を考えます。文章を読む人が「幼稚園児・小学校低学年」の場合と「中学生・高校生」の場合にどちらを用いればよいか、考えて選びましょう。

話を聞いてびっくりした。きのうからけんかしたままのAちゃんは、今日の夕方、遠くはなれたところにひっこしてしまったらしい。せっかく自分の方から謝って仲直りしようと決めたのに、もう会うこともできないかもしれない。わたしは【　　　　　　　】。

① 試験直前に、完全に見落としていた出題範囲に気づいた受験生のような気分だった。

② カレーの中にだいきらいなにんじんが入っているのを見つけたような気分だった。

例題の解説

「わたし」はAちゃんとの仲直りの機会が失われてしまったと感じ、ひどくがっかりしている様子が読み取れます。「絶望」と言ってしまってもよいでしょう。「幼稚園児・小学校低学年」が読むことを考えるなら、②の「カレーの中にだいきらいなにんじんが入っている」という例が想像しやすいでしょう。また、「中学生・高校生」が読む場合、②でももちろん理解はできますが、①の方がより実感しやすいと考えられるでしょう。

練習問題

次の文章の【　　】で囲まれた部分に使う比喩表現を考えます。読んだ人に「これはどういうことだろう？」と立ち止まって考えてほしい場合、書く人はどちらの表現を使うと思われるか、考えて選びましょう。

夜ねているときに、弟がとつぜんね言を言い始めた。と思うと、とつぜん立ち上がった。そのままどこかへ行くのかと思いきや、しばらくそのまま動かずにいて、やがて足元を確かめるように一歩ずつ前へ進みだした。その動きは、まるで【　　　　　　　　　　　】。

①冬眠から目覚めたばかりのクマみたいだった

②スローモーションみたいだった

比喩は、読者に「なに？」と一瞬立ち止まらせて考えさせることで、文章をより深く読ませる効果を持つ。あまり難しすぎるとわからないし、あまり簡単だと通り過ぎてしまうよ。そのことを意識して考えてみよう。

皮肉の理解―かくれた意味の理解⑤

どうやって教えるの？

「皮肉」とは、相手に対して一見ほめているような表現を使いながら遠回しに非難する表現です。文字によって表された内容と話し手の意図が食いちがっていることを読み取れるかどうかがポイントになります。言葉の表面上の意味はプラスに取れるものでありながら話し手は相手を非難するマイナスの気持ちを持っている、というズレによって生まれる効果をねらうわけですが、子どもによっては文字通りの意味としてしかとらえず、かえってほめていると認識してしまうこともあるでしょう。その場合は前後の状況や皮肉を言った人のその後の対応をとらえ、本心がどちらだったのかに迫っていく必要があります。また、皮肉を言う人の心情としては「それとなく良くないと思っていることを伝えたい」とは思っているものの、何らかの理由によって「直接的な非難の言葉を発するのは避けたい」と考えているわけで、両者の関係性や皮肉を言う人の意図を子どもに質問し、文章に書かれた内容を手がかりにしながら本心に迫っていくという手順をとると理解が深まるでしょう。いずれにしても、発言者の真の意図を読み取るには「その表現だけ」で判断することが難しい場面がある、ということを理解する必要があります。

ナンバ博士のコメント

皮肉も比喩のように文字通りの意味の裏に本当の意図が隠れています。それを読み取るためには、前後の文脈を意識化させることが必要です。

練習問題、解説します！

Bさんの発言を文字通りそのままとらえるならば、Bさんは「コーヒーでも飲んで一休みしようっと」と言ったAさんに「余裕があっていいなあ」と感じていることになります。しかし、二人が置かれた状況を前書きの文から読み取ると、しめきりまでに資料が仕上がるかどうか微妙な状況であり、かつAさんは楽観的に、Bさんは悲観的にその状況をとらえていることがわかります。そんな状況で休もうとしているAさんの行動を、Bさんがプラスの気持ちでとらえることは考えにくいでしょう。ただ、一緒に作業をしている関係上必要以上にきつい言葉で「コーヒーでも飲んで一休み」をとがめるのも気が引ける、あるいはその後の作業に差し障りが出るかもしれないとBさんが考えたのであれば、皮肉を言ってやんわりとたしなめる（ただし、自分の「そんなことをしている場合じゃないだろう」という気持ちは発散させておきたい）という行動も理解できるでしょう。以上のことから、②がBさんの本心だと考えることができます。

皮肉の理解—かくれた意味の理解⑤

年　　組　名前

例題　次の文章を読んで、Bさんが A さんに対して本当に思っていることとして正しいと考えられるものを選びましょう。

Bさんは A さんの家に招かれました。A さんはBさんが来るとわかっていましたが、部屋を片づけず、いろいろなものが散らかったままになっていました。

A どうぞ、上がってください。散らかってて悪いんだけど。

B おじゃまします。わ、きれいに片づいた部屋だねえ。

①部屋がきれいに片づいていて感心だ。

②部屋ぐらい片づけておけばいいのに。

例題の解説　Bさんが実際に発言しているのは「きれいに片づいた部屋だねえ」という言葉ですが、実際にはAさんの部屋は散らかっています。現実とは異なる内容をほめ言葉のように言うことで、本当は「人を招くのに部屋も片づけていないのか」という気持ちを皮肉として表しているわけですね。

答え　②

練習問題　次の文章を読んで、Bさんが A さんに対して本当に思っていることとして正しいと考えられるものを選びましょう。

A さんと B さんは間近にせまったしめきりまでに資料を仕上げようと必死に作業を進めています。楽天家の A さんはしめきりが近いことを気にもしていませんが、B さんは間に合うかどうか不安で仕方ないと感じています。

A コーヒーでも飲んで一休みしようっと。

B 君にはコーヒーを飲んで一息つくひまがあるのか、そりゃいいね。

①コーヒーを飲んで一息つく余裕のある A さんがうらやましい。

②しめきりがせまっているのだから、コーヒーを飲んでいるひまなどないはずだ。

皮肉も比喩と同じように、文字通りの意味の裏に本当の意図が隠れています。それを読み取るために、文章の他の部分を意識しよう。例題なら「散らかったまま」、練習問題なら「楽天家のAさん」「不安で仕方ない」がポイントです。

暗示の理解—かくれた意味の理解⑥

どうやって教えるの？

文章において、文字で書かれたことが内容のすべてではありません。手がかりをそれとなく示すことによって、実際には書かれていないことを読み手に想像させることもあります。特に、小説で自然の景色や天候、具体的な場面が登場人物の心情をそれとなく表していたり、その後に起こることや運命をそれとなく感じさせたりすることがあります。はっきりと示すわけではないので仮に読み落としたとしても文章を読み進めるうえでは差し障りがない場合も多いですが、後になって「ああ、そういうことだったのか」とつながるきっかけとなることがあります。「暗示にアンテナを張る」ような読み方ができると、ただ文字を読み進めて文章の内容を受け止めるだけでなく、より積極的に文章に関わっていく読み方につながります。また、読解問題において素材文が「種明かし」にあたる内容の前までで終わっているような場合、暗示にあたる内容に気づくこと、そしてそれがどのような結末を暗示していると考えられるかを論理的に説明できることは大変重要なスキルであるといえます。登場人物の置かれた状況や天気・景色の描写などには特に注意し、頭の中でその情景を思いうかべながら読むような習慣をつけるとよいでしょう。

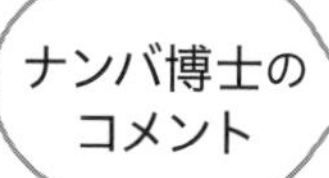

暗示は、それ自体に裏の意味があるだけではなく未来（ときには過去）の事柄についてなんらかの結果（良し悪し別として）を想定させるものです。

練習問題、解説します！

自分の計画を「パーフェクト」だと考え、準備もばっちり、うまくいかなくなったときのシミュレーションまでしっかりできていることに自信満々な「わたし」ですが、左右でちがう靴下をはいて出るというミスをしてしまっています。計画とは直接関係がなかったとしても、「わたし」の行動に「パーフェクトではない部分」が出てきていることで、「わたし」がパーフェクトだと自信満々に思っていた計画自体も本当にうまくいくのかあやしい、という雰囲気が生み出されます。このように、意気揚々と何かを進めている時に「ケチがつく」ようなことが起こると、うまくいっていたはずのことがとたんにうまくいかなくなる、ということがあります。したがって、解答例としては「ささいな失敗から台無しになってしまう」というような内容が考えられます。例題と合わせて「今後何かが好転しそうな暗示」「今後何かが暗転しそうな暗示」で、かつ必要以上に目立たないような内容を子どもといっしょに考えてみるのもよいでしょう。

暗示の理解—かくれた意味の理解⑥

年　　組　名前

例題

次の文章の【　　】で囲まれた部分がどのようなことを暗示しているか、説明します。（　　）にあてはまる内容を考えて答えましょう。

その日は朝から散々だった。寝坊してお母さんには怒られるし、前の日に必死に仕上げた宿題のプリントは忘れていくし、休み時間に仲の良い友だちとけんかになるし、楽しみにしていた体育の授業は雨で中止になってしまった。げんなりするほどいやな一日だった。悪いことがありすぎて、夜寝る前にベッドで一つ一つの出来事をふりかえっているとむしろ笑えてきて、なんだかすっきりした。【ふとカーテンのすきまから外を見ると、朝から降り続いていた雨はすっかりやんで、星が輝いていた。】

→散々な一日でげんなりさせられた今日とはちがって、明日は（　　　　）ということ。

例題の解説

「朝から降り続いていた雨」は「散々だった今日の一日」と重ね合わされ、「げんなり」な気分を強く印象付けています。ところが、【　　】の部分ではその雨が止み、星が輝いています。したがって、「明日は」に続くものとしては「いいことのある楽しい一日になりそうだ」のようなプラスの内容が予想できるでしょう。

練習問題

次の文章の【　　】で囲まれた部分がどのようなことを暗示しているか、説明します。（　　）にあてはまる内容を考えて答えましょう。

わたしの計画は、パーフェクト。ありとあらゆる状況を予想して先回りして準備もしたし、うまくいかなくなったらどうするかというシミュレーションを何度もした。見落しはない。あとはたんたんと計画を実行に移すだけだ。わたしは自信満々で家を出た。天気は快晴。やはりパーフェクトだ。ところが、友だちと会ったところでわたしはとんでもないことに気がついた。【今日に限って、左右でちがう靴下をはいて出てしまっていたのだ】。

→「わたし」がパーフェクトだと思っていた自分の計画が、（　　　　）。

暗示は、「フラグが立つ」ということに近いことです。ただの風景や事柄の描写にみえるものが、未来の（ときには過去の）結果を想像させてしまうのだ。意味ありげに見える風景描写にも意識して裏の意味を想像してみよう。

ことばの裏に隠れているものを読み取る
―かくれた意味の総まとめ

どうやって教えるの？

そのことばの字義（ストレートな意味）で解釈してはならない「言外の意味」は身近にあふれているものです。第４章の前半では多義語名詞、多義語動詞、多義語形容詞、会話のズレをテーマに「字義通りの意味」と「言外の意味」の２点について見ていきました。

それでは、「言外の意味」がよく問われるのはどのような種類のことばがあるのでしょうか。その代表例を以下に示します。

①比喩的表現……比喩表現とは「たとえ」であり、字義通りに解釈してはならない。「何」をたとえているのかを考えることが必要。

②多義語……第４章の前半で扱った。ひとつのことばからいろいろな意味が派生している。

③皮肉……遠回しなことばで相手を非難するもの。一見、本心とは真逆のことを言う。例えば、「君が遅刻してくれたおかげでじっくり考え事ができたよ」（本心は遅刻をしてきた相手を非難している）など。

④暗示……物事を明確には示さず、手がかりを与えてそれとなく知らせるもの。例えば、「二つの雲が互いに近づいていく」が「けんかしていた二人が仲直りしつつある」を意味するなど。

ナンバ博士のコメント

実際には、比喩か多義語かなどの種類は意識する必要は少ないです。文字通りの意味の裏に隠れた意図や思いを、文脈などから推論するクセをつけさせましょう。

練習問題、解説します！

練習問題の各文の（　）には、比喩表現が入ります。まずは、（　）が何を指しているのかを子どもたちに考えさせましょう。

①（　）……「花」を指しています。
②（　）……「うれしいことと楽しいことが交互に訪れる様子」を指しています。
③（　）……「大会社の社長の後継ぎでもあるハンサムで性格が優しくて非の打ちどころがない独身の彼」を指しています。

①は卒業式にもし花がなかったら何だかさみしいですね。花は卒業式に彩りをそえる道具なのです。

②は「プラスのこととマイナスのことが交互に訪れる」ことから、絶えず揺れ動く、引いては寄せてくる「波」がふさわしいことがわかります。

③の彼はまさに理想の結婚対象。正解はイです。最近よく使われる表現です。

ことばの裏に隠れているものを読み取る
―かくれた意味の総まとめ

年　　組　名前

例題　―線で示したことばの意味を後の記号の中から１つ選んで答えましょう。

厳格な祖父は長い髪であらわれたぼくに向かって「おい、トム、お前、男か女かわからないぞ」と言いはなった。

ア 長い髪にしていることを責めている。
イ 性別が分からないことにとまどっている。
ウ 長い髪が新鮮であり絶賛している。
エ 自分にはできない髪型であることをうらやんでいる。

例題の解説　「おい、トム、お前、男か女かわからないぞ」は祖父の皮肉であることに気づきましょう。祖父はトムが男であることはもちろん分かった上での発言なのです。厳格な人間ゆえ、長い髪であらわれた孫に対して不快感を抱いたのでしょうね。よって、正解はアです。

練習問題　次の各文の（　　）にはどのような比喩表現（たとえ）が入るでしょうか。後の記号の中から１つ選んで答えましょう。

①卒業式には花はなくてはならない（　　）である。
ア 小道具　**イ** メガホン　**ウ** 舞台　**エ** 妖精

②何年かに１度、うれしいことも楽しいことも交互に訪れるという、（　　）をゆっくり歩くような人生を彼は送った。
ア 競技場　**イ** 洞窟　**ウ** 線路の上　**エ** 波打ち際

③大会社の社長の後継ぎでもある独身の彼はハンサムで性格が優しくて非の打ちどころがない。独身の女性からすれば彼はまさに（　　）の典型例といえるだろう。
ア 天使　**イ** 優良物件　**ウ** 富士山　**エ** 海

言葉の裏に隠れた意味を探るためには、①文章全体からみてそこにはどのような意味のことがありそうか、②そこにある言葉の文字通りの意味はなにか　の２つを合わせて考えよう。①がないと想像するのが難しくなるよ。

主張・理由・具体例のつながりを判断する
―論理の評価

どうやって教えるの？

　さて、今回は主張・理由・具体例がしっかりつながっているかどうかその「論理」を子どもたちに評価してもらいます。

　そもそも「論理」とは何でしょうか。「議論・思考・推理などを進めて行く筋道。思考の法則・形式」を意味します。平たく言えば、「論理的な文章」とは、「文章がちゃんと流れている」、つまり、それを読んだ人が何の違和感もなく理解して読めるような文章を表します。

　たとえば、「今回の運動会は雨でも開催されることになっていた。そして、雨が降った。だから、運動会は中止になった。」という文章は論理としてはおかしいことになります。この場合、「今回の運動会は雨でも開催されることになっていた」という条件があるためです。よって、この場合は「だから」を「しかし」に直さないと論理的な文章が完成しないのです。

ナンバ博士のコメント

接続語の問題が難しいのは、その前後や文章全体の文脈を意識していないことが多いからです。部分だけを見て判断させないようにしましょう。

練習問題、解説します！

　それでは、練習問題の解説をおこないましょう。

　文中に登場する接続語は「だから」「つまり」「また」の３語です。よって、この３語すべてを適切な接続語に直さねばなりません。

　最初の「だから」ですが、直後の文の最後「～商品だからだ」と上手く結びません。「から」という表現があるようにここは「理由」にあたる１文ですから、「だから」を「なぜなら」に直しましょう。次に「つまり」です。この文章全体を見渡すと「約 40 キログラム」というのは具体的な数値が用いられていることが特徴で、「具体例」に相当する１文であることがわかります。よって、「つまり」を「たとえば」に差しかえましょう。

　最後の「また」ですが、これまで（「また」以前）の話を受けて、「わたしたちは～守っていくべき」と筆者の主張で終わるため、「また」ではなく、この場合は「だから／よって」が適切です。

主張・理由・具体例のつながりを判断する
—論理の評価

年　　組　名前

例題 次の文章の中に使い方のおかしい接続語が２つあります。それぞれをぬき出して、適切な接続語に置きかえましょう。

明治時代のはじめ、日本人はつぎつぎに洋服を着はじめました。つまり、政治家が国民に呼びかけて服装の欧米化が進められたからです。だから、江戸時代までの服装に愛着のある一部の人たちはそれに反対しました。

例題の解説

この文章に登場する接続語はそもそも２つしかありませんね。「つまり」と「だから」です。まず、「つまり」の直後の文の最後は「からです。」で終わっています。前文に対する理由を述べているのです。よって、「つまり」を「なぜなら」に置きかえる必要があります。次に「だから」ですが、これもおかしいですよね。服装の欧米化が進められた⇔服装の欧米化に反対である、は「対」の関係となります。よって、「だから」を「しかし／でも」といった接続語に置きかえなければいけません。

練習問題 次の文章の中に使い方のおかしい接続語が３つあります。それぞれをぬき出して、適切な接続語に置きかえましょう。

コンビニで働いている知人に言われたのは、必ず前のほうに置いてある商品を買ってほしいということだ。だから、奥に置いてあるものは賞味期限がまだ先のものばかりなので、手前の賞味期限切れに近い商品が売れ残って廃棄することになるからだ。つまり、コンビニの廃棄物は１つの店で１日に約 40 キログラムもあるという。また、わたしたちは無駄な食品廃棄を少しでも減らすために、知人に言われたようなことを守っていくべきなのである。

接続語　　　　→

接続語　　　　→

答え　**接続語**　　　　→

まず文章全体を読み、全体の文脈をつかもう。練習問題なら「コンビニの廃棄のことだな」ということがわかるよ。そのうえで、接続語を見ていこう。そうすると判断がしやすくなるよ。

第4章「読む」応用編

主張・理由・具体例がわかりにくい文章をとらえる
—いろいろな文章の論理をとらえる①

どうやって教えるの？

文章によっては、接続語や指示語をあまり用いず、その論理展開（たとえば、主張・理由・具体例のつながり）を読み取りづらいものが多くあります。

今回はそんな論理展開を子どもたちが把握しづらい文章を題材に、その1文1文の内容理解から「筆者の主張」「理由」「具体例」に分ける練習をおこないます。

第2章の後半で示しましたが、再度これらの3要素の性質を以下に列挙します。

「筆者の主張」……筆者が声を大にして読者に伝えたいこと。その部分だけを読むと、感情や概念といった抽象的（あいまい）なものになることが多い。

「理由」……何かがそのようになったわけ。「～から」で示されることが多い。

「具体例」……「筆者の主張」を強めるための細かな説明。具体的な表現が使われることが多い。なお、「具体的」とは「その部分を読むと頭の中でイメージできるようなもの」を意味する。

ナンバ博士のコメント

主張も理由も具体例も、接続語がない場合の方が多いです。だから、文脈とその文の意味（場合によっては裏の意味）を考えて判断させましょう。

練習問題、解説します！

筆者の主張が複数登場していることに気づかせましょう。

2文目の「矛盾していてこのあいさつには何の意味もないように思えるだろうが、そうではない」が主張に当たります。「そうではない」と直前部分を強く打ち消しているのは筆者にほかなりません。

そして、3文目についてもあいさつの意義を端的に述べているので、こちらも筆者の主張になります。また、1文目は具体的な会話を描写しているため、こちらは具体例に相当します。

では、「理由」に相当する文はどこになるでしょうか。これは少々難しいかもしれません。実は「そうではない」という筆者の理由として3文目があるのです。3文目は「筆者の主張」と「理由」の双方を兼ねているのですね。

主張・理由・具体例がわかりにくい文章をとらえる―いろいろな文章の論理をとらえる①

年　組　名前

例題　次の文章を読んで、「筆者の主張」の＿＿＿線、「理由」に当たる部分の＿＿線、「具体例」の（　　）を確認してなぞりましょう。

日本政府はよく「バラマキ」と非難されるような国外を援助するためのお金をたくさん提供していて、その額は合計約（20兆円）といわれています。発展途上国の中には苦しい生活を送っている人々が大勢いるのです。単にお金をばらまいているように見えるかもしれませんが、これは国外から日本への信頼を勝ち取り、将来的にその国と友好関係を結ぶために役立っているのです。

例題の解説　1文目は「20兆円」という具体的数値が登場していて、これは「具体例」に当たります。そして、2文目は「～から」という指標はないものの、お金をばらまく理由が述べられていることに気づきましたか。3文目にその狙いについて筆者は主張しているのです。

練習問題　次の文章を読んで、「筆者の主張」に＿＿＿線を、「理由」に当たる部分に＿＿線を引き、「具体例」には（　　）を付けて示しましょう。

日本人はよく「すっかり秋らしくなりましたね。すずしくなりました」と言う人が、今度別の人に会えば「秋ですけれどまだ暑いですね。夏はなかなか去ってくれないものですね」など天気のあいさつをする。矛盾していてこのあいさつには何の意味もないように思えるだろうが、そうではない。あいさつは人と人が交流するための大事な入り口なのだ。

「～と思う・考える」などがなくても、筆者の判断が含まれているのは「主張」だよ。また、理由と具体例は区別が付きにくいけれど、抽象的な方が理由になると考えよう。「たとえば」「なぜなら」といった言葉を入れて考えてみよう。

主張・理由・具体例がわかりにくい文章をとらえて意見を考える—いろいろな文章の論理をとらえる②

どうやって教えるの？

「筆者の主張」はどのようにして見つければよいのでしょうか。「まずは具体例を省いて考えよう」という指導をなさっている先生方が中にはいるかもしれません。

しかし、そういう指示を子どもたちが受けると「具体例」を取り除くことばかりに意識がいってしまい、肝心の「具体例」の中身を読み飛ばしてしまうことがあります。

もう一度ここで「具体例」の役割を示してみましょう。

「具体例」……「筆者の主張」を強めるための細かな説明。具体的な表現が使われることが多い。なお、「具体的」とは「その部分を読むと頭の中でイメージできるようなもの」を意味する。

上を読むと分かるように、「具体例」とは「筆者の主張」を強調する、その主張に説得性を与えるために存在するのです。ですから、具体例の中身をしっかり読まないと、その主張にどのような思いが込められているのかを見失ってしまうことがあるのです。

本書の最後に、具体例から見つけて、その具体例がどういう主張を強めているのか。そういう順序で筆者の主張、言いたいこと、意見をまとめるトレーニングをおこないましょう。

ナンバ博士のコメント

主張から考えるやり方ではうまくいかないことが難解な文章でよくあります。そのときは、具体例から考えさせましょう。大事なのは全体の文脈です。

練習問題、解説します！

まずは「具体例」を子どもたちに探させましょう。これはすぐに見つかるのではないでしょうか。そうです。２文目の「きれいである～足が長い……。」がそれに当たります。この具体例内に出てくる表現の共通点は何でしょうか。それは「わたしたちが憧れる人たちの見た目」ですね。こういう人たちがメディアに出るのは「多くの人の憧れの対象」ですから当然です。そして、「だからこそ」の直後の文に筆者の主張があります。わたしたちが憧れる人物像は似たり寄ったりなのだから、「多様性」ということばはうさんくさい、ということですね。この文章で言いたいことをまとめるとたとえば次のようになります。

「わたしたちが憧れる人たち、メディアに登場する人たちの見た目は似たようなものばかりだ。だから、わたしは「多様性」という表現にうさんくささを感じるのである。」

主張・理由・具体例がわかりにくい文章をとらえて意見を考える―いろいろな文章の論理をとらえる②

年　　組　名前

例題　この文章での筆者の言いたいことを２～３文でまとめて答えましょう。

外国に行くことは自分の国を見つめ直すことでもある。わたしは数年前まで8年間、ベトナムの田舎町に住んでいた。決してきれいな町ではなかったが、いろいろな民族が集うこの町では互いに遠慮なく意見をぶつけ合う光景が見られた。そうしないと、すぐに相手の主張に丸めこまれてしまうからだ。そういう様子を見て、日本は自己主張するのをいやがる人が多いのだなということをわたしは学んだ。

例題の解説
まずは「具体例」から探していきましょう。そうです。ベトナムの田舎町の様子が描かれている部分ですから、「わたしは数年前まで～しまうからだ。」までが具体例に当たります。この具体例の中にはどのようなことが書かれているでしょうか。簡単に言うと「ベトナムでは自己主張をする人ばかりだ」ということですね。このことから筆者が学んだことこそこの文章で言いたいことなのです。「ベトナムの人たちの自己主張の強さを体験して、日本はこれを嫌がる人が多いのに気づいた。このように、外国に行くと自分の国を見つめ直すことができる。」とまとめられます。

練習問題　この文章での筆者の言いたいことを２～３文でまとめて答えましょう。

わたしたちが憧れる人たちってどういう見た目だろうか。きれいである、美しい、かっこいい、高身長である、スリムである、目がぱっちりしている、足が長い……。メディアに登場する若い男女はこういう条件を満たした人ばかりである。それはそうだろう。多くの人がひきつけられるような人でなければいけないのだから。だからこそ、わたしは昨今叫ばれている「多様性」という表現に何だかうさんくささを感じるのだ。

文章全体、特に具体例を読みながら全体の文脈のイメージを頭に描こう。練習問題なら憧れの人、外見、同じ感じの人といったイメージが浮かぶよ。そのうえで、具体例を見つけよく読み、そのうえで、筆者の考えが強く出ているところを探そう。

練習問題の解答

第1章「書く」〈基本編〉

P13
「伝える相手」によって変わる“書き方”

問1　ア 木々が紅葉する季節を迎えました、イ お元気でいらっしゃいますか
（例）お身体にお気をつけてお過ごしください
問2　イ、ウ

P15
「伝える内容」によって変わる“書き方”

①日本各地のゆるキャラについて調べた内容についてGoogle Classroomにアップしました。18日までにチェックして、感じたことなどのコメントをつけてください。
②（例）9月15日までに、知りたいこと、調べてほしいこと、投こうコーナーなど、アイデアを書いて教室の前方にあるポストに紙を入れてください。

P17
「時間の順番」伝わる文を書く

問1　エ→ウ→ア→オ→イ
問2　（例）今日は明日に備えて早めにねて、万全の状態で明日をむかえましょう。

P19
「空間のイメージ」伝わる文を書く

①ア　②カ　③エ　④サ　⑤ウ　⑥コ　⑦ク

P21
具体と抽象を使った文を書く―具体・抽象の理解

①ウ　②エ　③イ　④一つめの空欄：エ、二つめの空欄：イ　⑤一つめの空欄：ウ、二つめの空欄：エ、三つめの空欄：イ

P23
「つまり」「このように」まとめの言葉を使って書く

問1　①ア　②イ
問2　（例）困った時は人をたよるようにしましょう

P25
“ことわざ”で具体を抽象に―具体・抽象を意識して書く①

①（例）テストの結果が悪かったうえに、友だちとけんかをしてしまった。
②（例）歴史の資料集でしか見たことがなかった城を実際に見て、工夫された作りにおどろいた。

P27
「主題→具体」を使って書く―具体・抽象を意識して書く②

①（例）旅での異文化との出会いや経験は人を豊かにする。
②（例）青は静かなふん囲気があって落ち着くし、赤や黄色はビタミンカラーともいわれ食欲をし激する色である。
③（例）まずは家庭のゴミをどうやって少なくするか、生活を見直してみるとよいと思う。

P29
「このように」で結論を導く―具体・抽象を意識して書く③

①（例）日本には五節句と言われるものがある。ひな祭りはももの節句、こどもの日はたんごの節句とも呼ばれる。このように、日本は季節ごとに行事がある。
②（例）友達とたわいない話をするだけでリラックスする。友達から自分で体験できないような話を聞くのが楽しい。このように、一人で過ごすよりも友だちと過ごすことをおすすめする。

P31
「しかし」「一方で」を使って書く―対比を使って書く

①（例）しかし、今日は夕方から雨が降るらしい。
②（例）一方で、環境問題や公害などよくない面もあった。

P33
「なぜなら」「だから」を使って書く―原因と結果①

①（例）だから、かさを持って出かけることにした。
②（例）なぜなら、今日は学校で苦手な科目のテストがあるからだ。

P35
「なぜなら」「だから」を使わずに書く―原因と結果②

①（例）映画はわたしの知らない世界を見せてくれますから、わたしは映画が好きです。
②（例）体を動かすことで体がリラックスするので、ねる前に体を動かすとよく眠れます。

第２章「読む」〈基本編〉

P37
文章中の言葉から「順序」を読み取る─順序の読解

ウ→イ→オ→カ→エ→ア

P39
詳しく述べた部分とまとめた部分─具体・抽象の理解①

①楽器 ②魚 ③トラック ④飲み物 ⑤アジア

P41
具体・抽象を「図」で表す─具体・抽象の理解②

①小説 ②徒然草 ③詩

P43
文章中の「具体・抽象」を読み取る─具体・抽象の理解③

①兄は食べることが大好きだが、特にあまい食べ物が好きだ。たとえば、ここ最近は毎日のように（プリン）を食べている。
②姉は（ピアノでいろいろな曲を弾ける）。（ドラムをたたくのも上手）だ。さらに、（歌うのも得意）だ。つまり、音楽の能力が高いのだ。
③私が小さいころ、父はねる前によく外国のお話を読み聞かせしてくれた。そのお話とは、たとえば（シンデレラや三匹の子ぶた）などだ。
④（群馬県の県庁所在都市は前橋市）で、（香川県の県庁所在都市は高松市）、（沖縄県の県庁所在都市は那覇市）だ。このように、日本のいくつかの都道府県では都道府県名と県庁所在都市名が異なっている。
⑤たとえば（アメリカやイギリス）のように、主に英語が使われている国に行ってその国の人たちといろんなことを話してみたい。

P45
文章のつながりから「具体・抽象」を読み取る─具体・抽象理解④

①しかし、生 ②ウ

P47
筆者が伝えたいことを要約する─要旨の読解

①Ｄ　②（例）一人一人はちがう人間なので、集団(だん)が大きくなるほど一言でその性質(せいしつ)を表すのは難(むずか)しくなるはずだ。（45字）

P49
「違い」に注目して“図”をつくる─対比の読解①

①

《マナー》	《エチケット》
みんなが快適に過ごすことを目的にしたもの	特定の個人が気持ちよく過ごせることを目的としたもの
（ちょっとした）工夫	（ちょっとした）思いやり

②

《日本語》	《英語》
主語がはぶかれることが多い	主語が明記されることが多い
結論は後回しにすることを好む	まず結論を持ってくることを好む

（注）「日本語より英語のほうが自己主張の強い言語といえそうだ」とありますが、断定できない表現「いえそう」を用いていることと、日本語が「自己主張が弱い」とは断定できないため、この点は図に含めません。

③

《自然の「保全」》	《自然の「保存」》
自然の中から余ったものを取り出す	自然の中すべてのものをそのままにする
人間が使う	人間があえて放置する

P51
何と何が「言い換え」か読み取る─対比の読解②

①地味なこと　②読解力がない　③社会のルールを守ること　④後ろ向きな姿勢

P53
接続語に注目して主張・具体例を見分ける─主張・具体例の読解①

何冊かの本は、わたしの人生の転機をあたえてくれた。たとえば、（小学校３年生のときに読んだ『ドリトル先生アフリカゆき』である。ドリトル先生の勇気ある行動に感動した。）また、（小学校５年生のときに一気に読み通した『生き物ものの死にざま』だ。生き物はそれぞれの世界を生きていることを感じさせられた。）つまり、これらの本がわたしに獣医になりたいという夢を与えてくれたのだ。

P55
接続語がない文章の主張・具体例を見分ける─主張・具体例の読解②

意外に思うかもしれないが、動物たちは言語を持っているらしい。（ゴリラはエサを見つけたときに仲間たちとその喜びを共有したり、昔のことをなつかしんだりするときの独特な鳴き声があるとされている。）人間と同じ哺乳類であるゴリラだけではない。（小さな鳥であるシジュウカラは、仲間に危険がせまっていることを伝えたり、仲間たちを集めたりするときの鳴き声があるらしい。）動物たちはわたしたち同様、会話を可能にする言語を持っているといえるのだ。

P57
表現や接続語から主張・理由・具体例を見分ける

①イ　②ウ

P59
接続語がない文章の主張・理由・具体例を見分ける

イ→ウ→ア

第3章「書く」〈応用編〉

P61
意見と具体例の関係性—意見の因果関係①

①晴れている日は高いビルから遠くの景色まで見渡せる。隣の県の港や富士山まで見えることもある。
②緑黄色野菜とは色の濃い野菜のことだ。カボチャやニンジンなどが代表格で、ナスも色が濃いから仲間のように見えるが、断面が白いので淡色野菜にあたる。
③冬になるとこのあたりは３メートルもの雪が積もり、生活は不便なこともあるが、雪国の魅力がたっぷりある。庭園の雪景色も風情があるし、近郊のスキー場は観光地としてにぎわっている。

P63
意見と具体例を書き分ける—意見の因果関係②

Ａ：例えば、名だたる世界遺産のある京都や、下町の風情残る日本らしさがある浅草などは特に人気がある。
Ｂ:例えば、夏になるとみずみずしいももやスイカ、南国のフルーツをよく食べる。

P65
意見と具体例に加える要素（原因・理由）—意見の因果関係③

賛成の理由例：学校の日と休みの日の切りかえができるから。/制服がないと毎日、服選びをしなければならず時間がかかるから。

反対の理由例：自由であれば見た目で個性が出せるから。/季節に合わせた温度調整が難しいから。

P67
意見と具体例に加える要素（結論）—意見の因果関係④

（例）・あらかじめ当番を決めておいて、毎日そうじをすることで清潔な教室にすべきだ。
・みんなが快適に過ごすために、決められた当番の日に必ずそうじをしよう。

P69
主張とその答えを書く—問と答え①

問：⑤　答え：①　／　問：③　答え：⑥
問：④　答え：②

P71
主張には確かな理由がある—問と答え②

①（例）そうじはみんなでやったほうが早く終わるし、毎日することできれいな状態を保つことができる。
②（例）夏休みという言葉の通り、休むために使った方がよい。また、勉強は宿題としてではなく自分から取りくんでこそ意味があると思うのだ。
③（例）長く休みが取れるので移動時間が長くかかる海外に行きやすいのだろう。気候や文化が異なるところに行くことでリフレッシュもしやすい。

P73
具体例を用意しよう—意見を書く①

イ・オ

P75
複数の具体例を挙げる—意見を書く②

①（例）おはようございます　②（例）仲の良い友達に会った　③（例）お正月に親戚に会った／とつ然寒くなった　④（例）あけましておめでとうございます／とつ然寒くなりましたね。体調をくずされていませんか

P77
具体例から自身の意見を抽出する—意見を書く③

問１（例）危険が多い
問２ ①ア　②ウ　③オ　④キ　⑤ケ ※①～④の解答は順不動

P79
対比を活用する—意見を書く④

問１（例）①のんびりしている ②背が高い

問2（例）①落ち着いている ②一つひとつが短い時間で終わる、いろいろな種類の動画を見ることができる

P81
「たしかに」「もちろん」「しかし」「だが」譲歩を使いこなす—意見を書く⑤

（例1）食材を大量に煮込むため、その中にアレルギー物質がふくまれる可能性があると危険だ
（例2）カレーが好きではない人も何人かはいるため、その人たちへの気づかいも必要である

P83
別の視点から見る「具体例」と「理由」—意見を書く⑥

（例）A 校庭が芝生になれば、転んでもけがをしにくくなるからだ。
B 校庭が芝生になれば、風で砂ぼこりがまうこともなくなり、洗たく物を安心して外に干せるようになるからだ。

P85
最強の意見文をつくろう！

（省略）

第4章「読む」〈応用編〉

P87
いろいろな意味を持つ語①—多義語名詞の理解

①ウ　②ア　③ア　④イ　⑤エ

P89
いろいろな意味を持つ語②—多義語動詞の理解

①イ　②ウ　③ア　④ア　⑤イ

P91
いろいろな意味を持つ語③—多義語形容詞の理解

①ア　②ア　③ウ　④イ　⑤ア

P93
会話がズレるのはどうして？—かくれた意味の理解①

①熱中（ほか、没頭／集中など）　②虫（ほか、昆虫など）

※漢字指定の問題です。

P95
比喩表現の特徴とその種類—かくれた意味の理解②

A ドームのような森　B クーラーのスイッチは切れ　C 草が汗をかき始める

P97
比喩表現の指し示すもの—かくれた意味の理解③

（例）アスファルトから熱が伝わり、「私」がとても熱いと感じている。

P99
その比喩表現が選ばれた理由を考える—かくれた意味の理解④

①冬眠から目覚めたばかりのクマみたいだった

P101
皮肉の理解—かくれた意味の理解⑤

②しめきりがせまっているのだから、コーヒーを飲んでいるひまなどないはずだ。

P103
暗示の理解—かくれた意味の理解⑥

（例）ちょっとした失敗からうまくいかなくなってしまう

P105
ことばの裏に隠れているものを読み取る—かくれた意味の総まとめ

①ア　②エ　③イ

P107
主張・理由・具体例のつながりを判断する—論理の評価

だから→なぜなら
つまり→たとえば
また→だから

※「だから」は、「したがって／よって」でも正解です）

P109
主張・理由・具体例がわかりにくい文章をとらえる—いろいろな文章の論理をとらえる①

（日本人はよく「すっかり秋らしくなりましたね。すずしくなりました」と言う人が、今度別の人に会えば「秋ですけれどまだ暑いですね。夏はなかなか去ってくれないものですね」など天気のあいさつをする。）矛盾していてこのあいさつには何の意味もないように思えるだろうが、そうではない。あいさつは人と人が交流するための大事な入り口なのだ。

P111
主張・理由・具体例がわかりにくい文章をとらえて意見を考える—いろいろな文章の論理をとらえる②

（例）わたしたちが憧れる人たち、メディアに登場する人たちの見た目はに似たようなものばかりだ。だから、わたしは「多様性」という表現にうさんくささを感じるのだ。

おわりに

本書『国語で「論理的思考」を育てる 書く・読むドリル 小学5・6年』を活用してくださり、誠にありがとうございます。

少し話は逸れますが、いまの時代を生きる子どもたち。長い文章を読むのに苦痛を覚える子どもたちが案外多いようです。一例を挙げるとLINE(モバイルメッセンジャーアプリケーション)で友人たちと取り交わす「文章」では「。」を付けられると「堅苦しくて嫌だ」と感じる子どもたちが多いという話があります。これは言い換えれば、いまの子どもたちは長文どころか短文でもなく、つまり、単語レベルのコミュニケーションに興じているということを意味します。

この風潮は子どもたちの読解スキルを大きく損なう危険性がありそうです。わたしはそう感じています。

反射的に自らことばを発するのではなく、じっくりゆっくり考えて自らの意見を表明していく……。こういう時代であればこそ、国語教育の中でこの点を強調するのは大切なことです。

本書『「論理的思考」を育てる 書く・読むドリル 小学５・６年』では、短文中心に児童たちに論理的に考えさせるという内容になっています。これは児童たちが長文を読み、また付された設問に対処していく上での「礎」となるスキルになると確信しています。

最後になりますが、本書の完成には多くの人が携わりました。

難波博孝先生、全体の監修、コメント、ならびに執筆者へのアドバイスの数々、大変ありがとうございます。そして、執筆陣の齊藤美琴先生、中本順也先生、福嶋淳先生、タイトなスケジュールの中でご執筆してくださったこと感謝いたします。みなさんそれぞれの色が組み合わさり、「彩り豊かなドリル」になってたと思います。

そして、根気よく本書の編集に携わってくれた学芸みらい社編集部の阪井一仁氏にも御礼申し上げます。

本書をきっかけにして、ことばが好きになる、読解が好きになる……そんな児童が生まれることを心から願っています。

2023年11月8日

スタジオキャンパス
代表　矢野耕平

【著者紹介】

齊藤美琴
（サイトウ・ミコト）

PICCOLITA（ピッコリータ）代表。専門は国語で、セミオーダーメードの「読解トレーニング」レッスンと学習コーチングで中学受験家庭をサポートしている。

中本順也
（ナカモト・ジュンヤ）

小学生のための小説創作教室・かまくら国語塾を主宰、鎌倉地域密着のすばる進学セミナー塾長。中学受験、高校受験の国語指導にあたる。

福嶋 淳
（フクシマ・ジュン）

国語メインの１対１対面／オンライン個別指導学習塾 CSJ プラススタディ代表。 その他、模試作成や教材の記事執筆なども行っている。

【編著者紹介】

難波博孝（ナンバ・ヒロタカ）

広島大学大学院人間社会科学研究科教授、博士（教育学）。主な著書に、『ナンバ先生のやさしくわかる論理の授業』（明治図書）等がある。

矢野耕平（ヤノ・コウヘイ）

中学受験指導スタジオキャンパス代表、国語専科・博耕房代表。主な著書に『わが子に「ヤバい」と言わせない 親の語彙力』(KADOKAWA)、『女子御三家 桜蔭・女子学院・雙葉の秘密』(文春新書／文藝春秋等)、『令和の中学受験 保護者のための参考書』（講談社）等がある。

国語で「論理的思考」を育てる
書く・読むドリル 小学5・6年

2024年1月5日　初版発行

編著者	難波博孝／矢野耕平
著者	齊藤美琴／中本順也／福嶋 淳
発行者	小島直人
発行所	株式会社　学芸みらい社 〒162-0833 東京都新宿区箪笥町31番 箪笥町SKビル3F 電話番号 03-5227-1266 https://www.gakugeimirai.jp/ e-mail：info@gakugeimirai.jp
印刷所・製本所	藤原印刷株式会社
企画・編集	阪井一仁
校正	藤井正一郎
装幀デザイン・本文組版	児崎雅淑（LiGHTHOUSE）
イラスト	すずきふたこ

落丁・乱丁は弊社宛にお送りください。送料弊社負担でお取り替えいたします。

ISBN 978-4-86757-039-5 C3037